LGBT支援法律家ネットワーク
出版プロジェクト● 編著

弘文堂

まえがき

　東京都渋谷区や東京都世田谷区の同性パートナーシップを証明する制度や、さまざまなセクシュアル・マイノリティの団体や当事者の活動が大きく取りあげられるようになったことで、LGBTを含むセクシュアル・マイノリティの存在が、広く知られるようになってきました。

　しかし、こうした動きは決して一朝一夜で生じたものではなく、これまでの多くの人たちの長年にわたる積み重ねによるものです。1990年に起きた東京都府中青年の家事件や、2003年に成立した性同一性障害者特例法など、法律にかかわる出来事の中にも、これまでの営みの積み重ねが指摘できるでしょう。

　この本では、弁護士・行政書士・司法書士・税理士・社会保険労務士などの法律にかかわる仕事をする人たちによる「LGBT支援法律家ネットワーク」の出版プロジェクトのメンバーが、セクシュアル・マイノリティが直面する問題について、どうすればよいのかということをわかりやすく説明しています。全体は、大きく3つのパートから構成されたQ&A形式になっています。

　1番目の「セクシュアル・マイノリティって何？」では、セクシュアル・マイノリティそのものについての説明と、現在の法律や制度についての説明を行っていきます。

　2番目の「セクシュアル・マイノリティの暮らし」では、「パーソナリティ編」、「学校・家庭生活編」、「日常生活編」、「トラブル編」、「職場編」、「共同生活編」、「離別編」、「障害・老い・病気・死別編」という8つの場面にわけて、セクシュアル・マイノリティが日々の生活や年代ごとに出会う問題について、答えていきます。

　3番目の「セクシュアル・マイノリティの法律相談」では、具体的な相談の仕方と、相談した後にどうなるのかについてまとめました。

さらに、当事者や弁護士が書いたコラムを8つ掲載したり、本の最後に「相談機関一覧」と「おすすめの本・ホームページ」を掲載したりしたことで、この1冊でセクシュアル・マイノリティについてのあらゆることがわかるようになっています。

　この本の読み方としては、最初から順番に読むよりも、まずは目次を見て、読者の皆さんが苦しんでいたり悩んでいたりすることについてのQ&Aを読むことをおすすめします。その上で、他のQ&Aを読んでいくと、問題の打開策がより見えてくると思います。

　セクシュアル・マイノリティが注目されつつありますが、その一方で反発もあり、残念ながら、政治家、公務員、さらに法律家といった人の中からもセクシュアル・マイノリティに対する心ない発言をする人たちもいます。河口和也さんによる「性的マイノリティに関する全国調査」によれば、同性婚に「賛成」と答えた人が全体の過半数にのぼる一方で、友人が同性愛者だったら「抵抗がある」と答えた人が半数を超え、社会的には存在を認めつつも、身近な存在としては抵抗感があるということが明らかになっています。

　こうした現状は、当事者に対して確実に圧力となっており、セクシュアル・マイノリティの自殺念慮や自殺未遂が、セクシュアル・マイノリティ以外の人たちよりも多いことも、複数の研究で証明されています。これは当事者だけでなく、社会全体にとっても大きな損失なのは間違いありません。しかし、これは経済合理性の観点からだけでなく、ここで重要になるのは、さまざまな違いを受け入れることが、実は誰にとっても世界を豊かにするという観点からとらえることができます。

　この本のコラムの中でも、ある「非当事者」が、セクシュアリティ（性のあり方）が人それぞれであって、性のグラデーションといわれるように、「当事者」、「非当事者」と明確に区別できるものではないと感じるようになった、自分のように人生観・世界観が変わる「非当事者」が徐々に

増えていくことで、「当事者」の人生も「非当事者」の人生も社会全体も、必ず豊かなものになっていくと信じて、微力でも、自分ができることをしていきたい、という言葉を残しています。「マイノリティ」を社会が受け入れるというのではなく、誰しもが広い意味での当事者となりうることを前提に、「当事者」の人生も「非当事者」の人生も、そして社会全体も、豊かになればと思っています。

　この本が、そのための一歩となることを願ってやみません。

　　2016年6月

　　　　　　　　　　　　　　LGBT支援法律家ネットワーク
　　　　　　　　　　　　　　出版プロジェクト一同

『セクシュアル・マイノリティQ&A』　目　次

まえがき

1 ｜ セクシュアル・マイノリティって何？

chapter 1　性のあり方の多様性 ………………………………………… 10

　1　セクシュアル・マイノリティって何？……… 10
　2　LGBTって何？……… 14
　3　アセクシュアル、性分化疾患、「Q」って何？……… 18

chapter 2　性のあり方と法律 …………………………………………… 22

　1　同性愛は法律でどうなっている？……… 22
　2　なぜ同性婚は認められない？……… 26
　3　セクシュアル・マイノリティの
　　　パートナーシップに関する制度って何？……… 31
　4　性同一性障害者特例法って何？…… 35

2 ｜ セクシュアル・マイノリティの暮らし

chapter 3　パーソナリティ編 ……………………………………………… 40

　1　「男らしさ」、「女らしさ」を求められて嫌だ ……… 40
　2　信頼していた友達の無意識な言葉に傷ついたとき、
　　　どうすればよい？　自分を好きになれるための方法ってある？……… 42
　3　他のセクシュアル・マイノリティや
　　　安心して話ができる友達は、どうすれば知りあえる？……… 46
　4　親、学校、職場へのカミングアウト ……… 50

> コラム　1人ぼっちだと思っていても、きっと大丈夫 ……… 53

chapter 4　学校・家庭生活編 ……………………………………………… 58

1　自分の本当の性別で学校に通いたい……… 58
2　修学旅行の就寝のとき、
　　別室に移るように学校からいわれている……… 61
3　セクシュアル・マイノリティだということが
　　親に知られた子どもが、家を出ていけといわれている ……… 63

> コラム　同性愛者であることを隠して生きて……… 65

chapter 5　日常生活編 ……………………………………………………… 70

1　本来の性別のトイレを使ってもよい？……… 70
2　心の性別は女性なので、女性限定のサービスを受けられる？……… 73
3　戸籍上の名前を変更することはできる？……… 76
4　性別の取り扱いの変更の条件と手続はどうなっている？
　　性別の取り扱いの変更が認められたらどうなる？……… 79
5　生活保護を受けていても、
　　ホルモン治療や性別適合手術はできる？……… 82
6　性別の取り扱いの変更をしない／できない人の各種証明書には、
　　どういう配慮が必要になる？……… 86
7　公的な書類が必要ないアンケートなどで、
　　性別を心の性別通りに書いてもよい？……… 90

> コラム　透明人間からリアルな存在へ ……… 92

chapter 6　トラブル編 …………………………………………………… 97

1　アウティング・「ばらす」と脅されている ……… 97
2　セクシュアリティをインターネットに書かれてしまった ……… 100
3　セクシュアル・マイノリティだということが知られて
　　いじめを受けている ……… 104
4　公衆浴場で男性の体を触ったらトラブルになった。
　　これからどうなる？……… 107
5　「野外ハッテン場で被害を受けた」とおどされている ……… 110
6　乳房の切除手術をしたら、予想以上の手術代を請求された ……… 113

目　次　　5

7 セクハラ被害に遭ったら ……… 116

8 性被害に遭ったら ……… 119

9 同性の人からストーカーに遭っていて困っている ……… 122

10 同性パートナーやトランスジェンダーとDV……… 127

11 逮捕されないか心配で薬物をやめたいけれど
どうすればよい？……… 132

12 性別の取り扱いの変更をしない／できない人の身柄拘束 ……… 137

13 性感染症をうつした／うつされたと刑事罰・損害賠償 ……… 139

コラム 府中青年の家裁判 ……… 143

chapter 7　職場編 ……………………………………………………… 146

1 就職時の履歴書に戸籍の性別を書かないと犯罪になったり
会社をクビになったりする？……… 146

2 制服のある職場で心の性別の制服を着るには
どうすればよい？……… 149

3 職場にHIV陽性だと知られたら辞めさせられる？……… 152

4 同性のパートナーとの結婚式を理由に、
慶弔休暇は取れる？……… 156

コラム ある50歳代ゲイのライフヒストリー ……… 159

chapter 8　共同生活編 ………………………………………………… 163

1 パートナーと結ぶ共同生活契約ってどういうもの？……… 163

2 パートナーと一緒に部屋を借りたり家を買ったりできる？……… 167

3 外国人パートナーが日本で暮らすための
在留資格はどうなっている？……… 170

4 外国でした同性婚は日本の中では効力がある？……… 173

5 民間企業の「家族割サービス」を自分たちも使える？……… 177

6 結婚の代わりに養子縁組の手続を使うとどうなる？……… 179

7 すでにパートナーと養子縁組をしているけれど、
これから性別の取り扱いを変更して結婚したい ……… 182

8 ゲイの自分がレズビアンと
「友情結婚」しようか迷っている ……… 184

9 同性カップルやトランスジェンダーのカップルの
養子縁組・里親での子育て ……… 188

10 パートナーの子に自分が親としてかかわれない？……… 192

11 レズビアンカップルが精子提供で子どもをもうけたら ……… 195

12 性別の取り扱いを変えた人が結婚して子どもをもうけたら ……… 199

13 パートナーの緊急手術に自分が家族として同意できる？……… 202

14 介護などパートナーとの老後の暮らしが心配 ……… 206

コラム マイノリティの人権をみんなのものに ……… 208

chapter 9 離別編 ……… 211

1 異性と結婚している人が同性と性的関係を持ったら ……… 211

2 パートナーと別れるときの清算 ……… 214

3 養子縁組の解消をしたいが、どうすればよい？……… 218

4 子どもがいるセクシュアル・マイノリティは、
離婚のときに親権者になれない？……… 220

コラム いわゆる「非当事者」ができること ……… 222

chapter 10 障害・老い・病気・死別編 ………226

1 1人暮らしのセクシュアル・マイノリティの老後 ……… 226

2 遺言で財産を相続するってどういうこと？……… 230

3 自分が亡くなるときにパートナーに
財産を残す「信託」ってどんな方法？……… 233

4 法的に結婚できる夫婦との相続税の違い ……… 238

5 年金などの社会保障制度でパートナーはどう扱われる？……… 241

6 パートナーを生命保険の受取人にできる？……… 243

7 パートナーが亡くなった後、
死亡届や葬儀・お墓はどうなる？……… 247

コラム 曖昧に揺らぎつづけるわたし ……… 252

3 ｜ セクシュアル・マイノリティの法律相談

chapter 11　相談の仕方と法的手続 ……………………………… 258

1　法律相談は、どういう場合に、どこに相談すればよい？ ……… 258

2　どの位、お金はかかる？ 親に知られずに相談できる？ ……… 261

3　弁護士に依頼したらその後はどうなる？ ……… 264

appendix 1　相談機関一覧 ………………………………………… 266

appendix 2　おすすめの本・ホームページ ……………………… 280

あ と が き

1

セクシュアル・マイノリティって何？

chapter 1　性のあり方の多様性

1 ｜ セクシュアル・マイノリティって何？

（Q）最近テレビなどで「セクシュアル・マイノリティ」という言葉をよく聞くようになってきましたが、どういった人たちのことを指しているのか、よくわかりません。セクシュアル・マイノリティって、どんな人たちのことをいうのでしょうか。

（A）セクシュアリティ（性のあり方）の場面で少数派の人たちのことをまとめて指す言い方です。

セクシュアリティ（性のあり方）

　日本語でいうと、「セクシュアル」は「性的」、「マイノリティ」は「少数者」なので、「セクシュアル・マイノリティ」は「性的少数者」ということになります。セクシュアル・マイノリティ（性的少数者）は、セクシュアリティ（性のあり方）という場面で少数派の人たちのことをまとめてあらわす言い方です。

　セクシュアリティには、生まれたときの体の性別（性器を見たり性染色体を検査したりすることなどによって決まるもの）が男性なのか女性なのかということ（生物学的性別）（sex）、体の性別とは関係なく、自分が自分のことを男性だと思っているのか女性だと思っているのかということ（心の性別）（gender identity）、性的な興味、関心、魅力などを感じるのが、異性なのか、同性なのか、それとも異性と同性の両方なのかということ（性的指向）（sexual orientation）などがあります。そして、人数としては、体の性別と心の性別が同じで（たとえば、体が男性で、自分で

も自分のことを男性だと思っているなど）、また、好きになるのが異性だという人（たとえば、自分が男性で、好きになるのは女性）が多いといわれています。ですので、体の性別と心の性別が違っていたり（たとえば、体は男性の人が自分では自分のことを女性だと思っているなど）、好きになるのが同性や異性と同性の両方だったりする人が、セクシュアル・マイノリティ（性的少数者）と呼ばれることがあるのです。

周りが決めることはできない

　けれども、セクシュアル・マイノリティではない人たち（マジョリティと呼ばれている人たち）の人数が、セクシュアル・マイノリティの人数より本当に多いのかは、正確に数えられたことがある訳ではありません。電通ダイバーシティ・ラボによる調査では、セクシュアル・マイノリティの割合は人口の約7.6％という結果が出ていますが、実際にはこれよりはるかに多いという説もあります。また、仮にマジョリティの人たちの方が多いとしても、多いからといって、それが「正しい」とか「普通」だとか「自然」だということにはなりません。人が、自分のことをどの性別だと思うか、また、誰を好きになるかということは、その人にとってとても大切なことです。そして、その人がどう生きるかといった、その人の人間としての尊厳（人間が人間らしくあること）に大きく関係することです。ですので、そのことについて、周りの人たちが「正しくない」とか「変」とか「不自然」だといったり、「こうあるべき」と決めつけたりすることは許されません。

　なお、時々誤解をしている人がいますが、自分のことをどの性別だと思うかとか、好きになるのが異性か同性かそれともその両方かといったことは、自分で自由に変えられたり、選べたりするものではありません。

　私たちの社会は、「性のあり方」だけでなく、いろんなことについて、「多

くの人たちがしていることが正しい」と考えてしまう空気があります。けれども、何が正しいかというのは、そのことの中身をよく見なければ、決められないことです。また、物事によっては、正しいか正しくないかを、他人が決めること自体がおかしいということもあります。さらに、自分は「多数派」だと思っていても、本当にそうかは誰にもわかりませんし、「多数派」と「少数派」の間にはっきりした違いがある訳でもありません。たとえば、性別には、男性と女性の2種類しかないのではなく、男性と女性を両端として、その間にはっきりとした境界はなく、数えきれないほどたくさんの範囲があるという考え方もあります。自分のことを男性度90％、女性度10％と思っている人もいれば、好きになる人の60％位は異性だけど40％位は同性だという人もいるのです（このような考え方を、「性のグラデーション」と呼ぶこともあります）。

誰もが自分らしく生きるために

国は、「性的指向を理由として困難な状況に置かれている場合や性同一性障害などを有する人々については、人権尊重の観点から配慮が必要である」としています（2010年「第3次男女共同参画基本計画」）。また、世界でも、性的指向と心の性別を理由とする人権侵害が大きな問題であるとする決議がされています（2011年国連人権理事会）。しかし残念ながら、セクシュアル・マイノリティへの差別や偏見はなくなっていません。セクシュアル・マイノリティである若い人たちの約7割がいじめや暴力を受けたことがあり、そのうち約3割が自殺を考えたことがあるという調査結果もあります（「いのちリスペクト。ホワイトリボン・キャンペーン」が2013年10月から12月に行った学校生活実態調査）。「私の周りには、セクシュアル・マイノリティは、いなさそう」と思う人もいるかもしれませんが、それは、「いない」のではないのです。差別や偏見のある社会の中で、自分の「性」について周りに話すことができないために、あなた

が知らないだけ、という可能性も十分にあるのです。また、「最近そういう人が増えてきた」という風なことをいう人がいますが、それも誤解です。どの時代、どの地域でも、セクシュアル・マイノリティは、全体の人口の中に一定の割合でいるといわれています。これまでと比べて、日本の社会にセクシュアル・マイノリティがいることがわかりはじめて、メディアでも取りあげられることが増えたので、「最近そういう人が増えてきた」というように感じられるだけなのです。

　セクシュアリティについては、人それぞれが自分の考え方や指向（傾向）を持っています。性のあり方は、個人的なことであると同時に、生活や人生のありとあらゆる場面に関係するものでもあります。セクシュアル・マイノリティへの差別や偏見の問題は、決まった生き方を押しつけられたくないと思うすべての人たちに共通の問題でもあります。それぞれの人がその人らしく生きるために、性の多様性（さまざまな違いがあること）のみならず、人間の多様性を大切にし、お互いに認めあうことが、社会に求められているのです。

chapter 1 ● 性のあり方の多様性　　13

chapter 1　性のあり方の多様性

2 │ LGBTって何？

Ⓠ 最近、「セクシュアル・マイノリティ」という言葉とは別に、
「LGBT」という言葉もよく聞くようになりましたが、意味がよ
くわかりません。「LGBT」って何のことですか。

Ⓐ LGBTは、Lesbian（レズビアン）、Gay（ゲイ）、Bisexual（バイセ
クシュアル）、Transgender（トランスジェンダー）の人たちのこ
とをあらわす言葉です。

最初の文字を取って並べたもの

　LGBTは、Lesbian（レズビアン）、Gay（ゲイ）、Bisexual（バイセクシ
ュアル）、Transgender（トランスジェンダー）の人たちをあらわす言葉で、
それぞれの最初の文字（アルファベット）を取って並べたものです。セ
クシュアル・マイノリティ（性的少数者）と同じだといわれることもあ
れば、それよりも狭い意味だといわれることもあります（たとえば、
Asexual（エイセクシュアルまたはアセクシュアル）（他の人に対して性的な
魅力を感じない人のこと）を含んでいないといわれることがあります）。
　レズビアン（女性同性愛者）は、好きになる相手（性的な興味、関心、
魅力などを感じる相手）が女性である女性、ゲイ（男性同性愛者）は、そ
の相手が男性である男性、バイセクシュアル（両性愛者）は、その相手
が男性ということも女性ということもある人、トランスジェンダーは、
体の性別と心の性別（自分が思う自分の性別）が同じでないためにしっ
くりしないと感じる人のことです。トランスジェンダーのうち、体の性

別が女性で心の性別が男性の人のことを「FtM」（エフティーエム）（Female to Male）、体の性別が男性で心の性別が女性の人のことを「MtF」（エムティーエフ）（Male to Female）と呼ぶこともあります。

　なお、「レズ」、「ホモ」、「おかま」、「オナベ」、「オネエ」という言葉は、その人たちを傷つけることも多い差別的な言い方です。テレビでは「オネエ系タレント」という言葉が使われることもありますが、オネエといわれて不快に思う人もいます。

レズビアン、ゲイ、バイセクシュアルとトランスジェンダーの違い

　LGBTと呼ばれていますが、レズビアン、ゲイ、バイセクシュアルの３つとトランスジェンダーは、どういう「性」に関係するものかという点で、違いがあります。レズビアン、ゲイ、バイセクシュアルは、どんな人を好きになるかという場面で使う言葉ですが、トランスジェンダーは、体の性別と心の性別が違っているという場面で使う言葉です。多くのレズビアン、ゲイ、バイセクシュアルは、体の性別と心の性別が同じです。たとえば、多くのゲイ（男性同性愛者）にとっての自分の性別はあくまで男性であり、自分が女性でいたいとは思っていません。同じように、トランスジェンダーの人が好きになる相手は、異性（心の性別から見た場合の異性）だということが多いようです。もちろん、中には、トランスジェンダーであって、かつ、ゲイでもある（またはレズビアンでもある）という人もいます。たとえば、体の性別が女性、心の性別が男性で、男性に対して性的興味などを感じるという人もいるのです。

どんな人を好きになるかは周りが決めることではない

　体の性別が女性の人に「彼氏はいるの？」と尋ねるなど、普段の会話でもメディアでも、好きになる相手が異性であるということ（異性愛）

chapter 1 ● 性のあり方の多様性　　15

が当然の前提となっていることが多く、そうでない人（レズビアン、ゲイ、バイセクシュアルの人たち）は、異性の恋人を作ったり異性と結婚して子どもを産み育てたりすることについて、家族や周りからの期待やプレッシャーを感じながら毎日を過ごしています。けれども、たとえば、背の高い人しか好きになれない（ならない）とか、スポーツができる人しか好きになれない（ならない）という人がいる場合に、「別のタイプの人を好きになるべき」と他の人が決めつけるのはおかしいことです。それと同様に、好きになる相手が異性でなければならないということはありません。どんな人を好きになるかは、周りの人が決めることではないのです。

性同一性障害

　体の性別と心の性別が同じなのが「普通」で、そうでないのは「普通じゃない」ということもありません。ただ、体の性別と心の性別が違っているために体の性別がしっくりこない人は、普段の生活のいろんな場面で体の性別で扱われることで、精神的にとても苦しく感じることが多いのは事実です。そして、そういう耐えられない苦しさを少しでも軽くするために、治療が必要なことがあり、「性同一性障害」と診断されることもあります。

　「性同一性障害」は医学的な病気の名前ですが、性同一性障害は精神障害ではありません（日本精神神経学会「性同一性障害に関する診断と治療のガイドライン」）。なお、「性同一性障害」という言葉は、もともと、国際的な診断の基準（世界保健機関が決めた国際疾患分類「ICD-10」やアメリカ精神医学会が決めた診断基準「DSM-Ⅳ-TR」）として使われていたGender Identity Disorderという言葉を訳したものですが、その後、アメリカ精神医学会がgender dysphoriaという言葉に変えたことを受けて（「DSM-Ⅴ」）、日本精神神経学会は、これを「性別違和」と訳すよう

になっています。

　また、「性同一性障害者」は、性同一性障害者特例法2条で定義されています。ここには、①体の性別ははっきりしているけれども、心の性別はそれとは違うと長い間強く信じていて、②自分の体の性別や周りから思われる性別を心の性別にあわせたいという気持ちを持っていて、③2人以上の医師からそのような診断を受けている人、と書かれています。

　ただし、トランスジェンダーの人たちみんながこの「性同一性障害者」にあてはまる訳ではありません。トランスジェンダーという言葉は、体の性別と心の性別が違っているために体の性別についてしっくりこない感じを持つ人を指しますが、その中には、胸や器官などの手術を強く望む人もいれば、ホルモン療法（体の性別とは反対の性ホルモンを注射することで、声や毛や胸のふくらみなどの体の特徴を心の性別に近づける治療）を望む人もいれば、心の性別にあう服装をするだけである程度気持ちが楽になる人もいるのです。

SOGIという言葉

　最近ではSOGIという言葉が使われることも多くなってきました。SOGIは、sexual orientation（性的指向）と gender identity（性自認）の頭文字をとった言葉です。LGBTという言葉では多様な性のあり方を表現しきれないので、性的指向や性自認というすべての人が共通して持っている性質に注目してセクシュアリティについて語ろうという考え方が、SOGIという言葉の背景にあります。今後、LGBTとともに、SOGIも広まってくるでしょう。

chapter 1 ● 性のあり方の多様性

chapter 1　性のあり方の多様性

3 ｜ アセクシュアル、性分化疾患、「Q」って何？

Q セクシュアリティについて勉強していたら、「アセクシュアル」、「性分化疾患」、「LGBTQ」といった言葉を目にしました。「セクシュアル・マイノリティ」って「LGBT」と同じ意味だと思っていましたが、違うのでしょうか。

A 「セクシュアル・マイノリティ」は、「LGBT」と同じ意味として使われることもありますが、性の多様性を考えれば、「性のあり方に関するマイノリティ」という、より広い意味を持つ言葉と考えた方がよいでしょう。

LGBTとセクシュアル・マイノリティ

LGBT（chapter 1−2を参照）という言葉が直接あらわす、どのような性別の人を好きになるかという性的指向に関すること（LGB）と、自分がいかなる性別でありたいかという性自認に関すること（T）は、セクシュアル・マイノリティの問題の中ではよく知られるテーマとなりつつあります。しかし、人間の性のあり方は、このような2つだけでは語りきれない多様性を持っています。

この本は全体を通してLGBTを中心として書かれていますが、ここでは、LGBT以外のセクシュアル・マイノリティとその人たちが抱える問題について少し考えていきます（なお、このようなセクシュアリティを持つ人たちの中には、LGBTの中にもそう考える人がいるのと同様に（またはそれ以上に）、「セクシュアル・マイノリティ」と分類されたくないと考えて

いる人がいることに注意してください)。

アセクシュアルとは

アセクシュアル (asexual) とは、他の人に対する性的な欲求がない (または非常に弱い) 人を指す言葉です。アセクシュアルの人の中には、性的欲求がなくても恋愛や親密な関係を築きたいと考える人もいますので、そのように考える人をノンセクシュアルと呼んで、性的欲求も恋愛欲求もない人を狭い意味でのアセクシュアルと呼ぶ場合もあります。

アセクシュアルの人たちは、「人と恋愛をするのは当たり前」、「同性であれ異性であれ、多かれ少なかれ性的な欲求を抱くのは普通のこと」という多数派の考え方に苦労することがあるといわれます。アセクシュアルの人が直面するトラブルの例には、性被害やセクハラなどがあります。

性分化疾患とは

性分化疾患 (DSD (disorders of sex development)) とは、生まれながらの原因で、性分化が非典型的な状態にある疾患をまとめて呼ぶ医学用語です。生物としてのヒトの身体的な性別は、性染色体がXXかXYかということのみで二分される訳ではなく、染色体、生殖腺、外性器、性ホルモンといった要素を総合して形作られる概念です。ヒトは、通常、受精から出生、第2次性徴を経て、これらの要素が男女いずれかに分化していくものですが、さまざまな原因からこの性分化の過程で異常が起きることがあります。そうした症状をまとめて性分化疾患と呼んでいます (なお、かつては半陰陽、両性具有、インターセックス (間性) などと呼ばれていましたが、これらの用語に関連する紛らわしさや固定観念から、最近では医学上の用語としては使われることが少なくなっています)。

chapter 1 ● 性のあり方の多様性　　19

性分化疾患を持つ人が直面するトラブルの例には、出生時に性別の判定が困難な状態で生まれた場合、出生から14日以内に提出しなければならないとされる出生届の性別をどう記載したらよいのか、などがあります。この場合には、性別が判定不能であると出生証明書に記載すれば、性別欄が空欄でも出生届は役所に受理されます。

　また、一旦は女性として届け出たのに男性の体へと成長していった場合に（もちろんその逆も同様です）、戸籍上の性別の訂正ができるのかといったこともあります。この場合には、戸籍の記載に思い違い（錯誤）があったものとして、家庭裁判所に対して戸籍訂正許可審判を申し立て、戸籍上の続柄記載の訂正をします。こうした方法で訂正を認めた裁判所の判断は、複数あります。

「Q」とは

　セクシュアル・マイノリティの問題が「LGBT」に限られたものではないことを強調する意味あいで、「LGBTQ」というイニシャルが用いられることがあります。ここでいう「Q」とは、クエスチョニング（questioning）かクィア（queer）のいずれか（またはいずれも）の意味で用いられる頭文字です。

　クエスチョニングとは、もともと「探究的な」といった意味を持つ言葉ですが、性的指向や性自認を含めたセクシュアリティが「わからない」、「探している途中」、あるいは「分類されたくない」といった人が、自らのセクシュアリティを表現する際に使うことがある言葉です。

　クィアとは、もともと「変態」、「奇妙」といった意味を持ち、男性同性愛者などを指す差別的な言葉でした。1990年代以降は、この意味あいを逆手に取って、いわゆる「普通」のセクシュアリティ（たとえば、身体的性別は男女いずれかであり、性自認は身体的性別に一致し、性的指向は異性愛であり、一夫一婦制のもと、結婚した異性との間で性交渉を持って子

どもを産み、といった生き方など）を考え直して疑問を投げかける立場を指す言葉として使われはじめています。

chapter 2　性のあり方と法律

1 ｜ 同性愛は法律でどうなっている？

Ⓠ 最近、同性愛が話題になっていると聞きました。日本の法律の中には、同性が同性を好きになることを前提とした法律はあるのでしょうか。もしあるとしたら、どのようなことが決められているのでしょうか。

Ⓐ 日本には、同性が同性を好きになることを前提とした法律は存在しません（2016年6月時点）。ただ、地方自治体が決める条例の中には、同性が同性を好きになることを前提としたルールや決まりが書かれているものもあります。

世界各国の様子

　世界各国には同性が同性を好きになることを前提とした法律が存在しています。海外の同性愛に関する法律について、一番わかりやすい例は、「同性婚」についての法律でしょう。同性同士による結婚を認める法律や、結婚という名前ではないですが、同性同士のパートナーシップを認める法律があります。

　しかし、世界の法律には、必ずしも権利を認める方向の法律だけではなく、残念ながら、同性愛そのものを禁止する法律もあります。その一番の例は、通称「ソドミー法」です。ソドミー法とは、同性同士の性行為（肛門性交など）をした場合に、刑罰を科す法律です。ソドミー法の内容自体は各国さまざまですが、性交に限らず広く同性同士の性行為を禁止するものもあります。

22　　1 ● セクシュアル・マイノリティって何？

日本での状況

　では、日本ではどうでしょうか。現在の日本の法律では、同性が同性を好きになることを前提とした法律はありません。先ほどのソドミー法に似たものとして、明治時代に、肛門性交を鶏姦罪として処罰するとしていた時期が約9年間ありました。しかし、現在、同性同士で愛しあうことで、罪に問われることはありません。

　ただ、同性婚を認める法律が存在しないため、長年好き同士で一緒に暮らしているパートナーがいても、結婚することはできません。そのため、男女の夫婦であれば、夫が亡くなれば、夫の財産は、妻のものになることがありますが（相続）、法律上の性別が男性同士・女性同士のパートナーの場合、どちらか一方が亡くなってしまっても、財産が相続されることはありません。また、異性のパートナーから暴力を受けている場合、DV防止法によって、助けを求めることができますが、同性同士のパートナーでは、DV防止法を使うことは難しいといわれています（chapter 6－10を参照）。

　このような状況を見兼ねて、日本に対して、国連の自由権規約人権委員会が問題だと指摘をしたことがあります。日本には、日本国内での決まりを定めた法律の他に、国家間のルールである条約があり、条約に参加している場合には、その条約は守らなければなりません。日本が参加している条約の1つとして、自由権規約というものがあります。自由権規約の2条および26条には、性による差別を否定して、平等について書いてあるのですが、残念ながら、日本の国内を見ても、それが十分に守られているとはいえません。そのため、自由権規約のルールを守れているかどうかをチェックする機関である自由権規約人権委員会は、2008年に、「レズビアン・ゲイ、バイセクシュアル、トランスジェンダーの雇用、住宅供給、社会保障、健康、教育…（中略）…における差別に懸念を有する」としています。2014年にも、懸念を示した上で、勧告を行ってい

chapter 2 ● 性のあり方と法律　　23

ます。また、日本は社会権規約という条約についても守らなければいけ
ませんが、社会権規約委員会からも2013年に懸念を示された上で、勧告
されています。

　しかし、地方自治体ごとに定められる条例や、国が国の形を定めるた
めの基本計画には、同性が同性を好きになることを前提としたルールを
探すことができます。

　たとえば、東京都多摩市では、2013年9月に、「多摩市女と男の平等
参画を推進する条例」が成立しました。その条例には、「性別による差
別的取り扱い並びに性的指向および性自認による差別を行ってはなりま
せん」と書いてあります。また、東京都渋谷区では2015年3月に条例が
成立し、一定の条件を満たした同性同士のカップルはパートナーシップ
証明をもらうことができます。東京都世田谷区でも、2015年11月から一
定の条件を満たしたカップルには、パートナーシップ宣誓書が発行され
ることとなりました（chapter 2 − 3 を参照）。

　この他にも、2010年には第3次男女共同参画基本計画、2015年には第
4次男女共同参画基本計画が、閣議で決定されています。法律は、国会
議員が作った私たちの生活に影響するルールですが、計画とは、達成す
べき目標を設定するとともに、目標達成のための手段が書かれている国
の行動方針です。第4次男女共同参画基本計画には、「性的指向や性同
一性障害を理由として困難な状況に置かれている場合…（中略）…人権
侵害があってはならないなどの人権尊重の観点からの配慮が必要である」
と書かれています。

今後に向けて

　現在、日本には同性愛を前提とする法律はありませんが、2015年3月
に「LGBT（性的少数者）に関する課題を考える議員連盟」が発足し、
2016年2月に自民党の正式な機関として「性的指向又は性自認に関する

特命委員会」が設置されました。その中で、性的指向または性自認に関する法律制定について議論されているようです。おそらく近い将来には、同性が同性を好きになることを前提とした法律ができることでしょう。

chapter 2　性のあり方と法律

2 ｜ なぜ同性婚は認められない？

Q 私には同性の恋人がいます。つきあって３年のお祝いをしたばかりです。先輩には結婚をしている人もいますし、周りの友達との間では、27歳までには結婚して子どもがほしいとか、20代は自由でいたいけど30代になれば結婚したいとか、結婚の話題が時々出ます。私も、大切な恋人ができ、人生を一緒に歩んでいきたいので、周りの友達と同じように恋人と結婚したいと思うようになりました。でも、日本ではどうして、同性同士で結婚ができないのでしょうか。

A 現在の日本の法律は、男女の結婚のみを定めています。そのため、同性婚は認められていません。ただ、これには人権侵害ではないかという意見もあるので、今後は変わるかもしれません。

日本で同性婚ができない理由

　まず、結婚についての法律の定めを見てみましょう。結婚を定める法律は、民法です。民法では、結婚に関係する条文に「夫婦」、「夫」、「妻」という言葉が使われています。これらの言葉からすると、民法は男女の異性カップルだけを想定しているように見えます。

　現状、同性同士で婚姻届を提出しようとしても、役所の窓口で受け取ってもらえません。その理由は明確ではありませんが、民法が異性カップルのみを想定していることが１つの理由になっていると考えられます。

同性婚は憲法で禁止されていない

次に、日本で同性婚を導入することが禁止されているのかどうかについて考えてみましょう。

結婚と人権について定めている憲法24条1項には、結婚は、「両性の合意だけによって成立する」という内容が書かれています。この条文の「両性」という言葉は、両方の性別、つまり男女を意味するので、結婚は男女の異性カップルに限られるとして、憲法は同性同士の結婚を認めていない、という考え方があります。

しかし、憲法24条が定められた理由は、結婚は女性と男性が対等の立場で、当事者の意思だけで決められなければならないからです。戦前の日本の結婚制度は、個人よりも「家」を大切にする家制度が重視され、個人の意思、特に女性の意思が大切にされていないものでした。結婚するには、「家」の意見を代表する父の同意が必要で、当事者だけの判断で結婚することはできなかったのです。戦後に作られた憲法では、男女平等と個人を尊重するという考え方から、当事者の合意だけで結婚できることとしたのです。

このように、憲法24条1項は、結婚を男女間に限ることを目的としたものではありませんから、「同性婚を認めることは許されない」ということはできません。むしろ、個人の尊重は同性愛者にも当然あてはまるのですから、憲法は同性婚を積極的に認めていると考える方が自然です。また、男女間であれば結婚できるのに、同性間ではできないというのは差別といえますから、現在の状況は「平等」を定めている憲法に反するともいえます。

同性婚と社会意識の変化

結婚についての民法の定めは、今から約70年前の1947年に制定された

ものです。もちろん、当時も同性愛の人たちはいました。しかし、当時は、現在よりももっと同性愛に対する偏見が強く、同性愛は社会で完全に無視されていました。法律は、国民の代表者である国会議員が議論をし、最終的には多数決で決められるため、作られた当時の社会意識の影響を強く受けます。1947年当時の社会意識からすると、同性婚を法律で定めなかったのはやむをえなかったのでしょう。

　このことは、逆にいうと、社会意識が変われば、それに応じて法律も変わる必要があるということです。社会意識の変化に伴い、それまであった法律の内容が改正されることや、新しい法律が作られるといった事例は数多くあります。同性愛についての現在の社会意識はどうでしょうか。1973年、それまでは精神医学の世界で「異常」とされてきた同性愛が、アメリカ精神医学会で異常ではないと改められ、現在ではWHO（世界保健機関）の国際疾病分類から「同性愛」は削除されて、治療の対象ではないことが明確になっています。2000年代以降、いくつかの地方自治体において、性的指向や性自認に基づく差別を禁止する条例が制定されるようになりました（chapter 2−1を参照）。2015年3月には、東京都渋谷区が同性カップルに対して、「結婚に相当する関係」とする証明書を発行するという規定を盛り込んだ条例を制定し、また東京都世田谷区でも同性カップルの宣誓書を受けつけ、それに対して受領証を出すという制度を2015年11月にはじめました（chapter 2−3を参照）。また近年、毎年のように、日本各地でセクシュアル・マイノリティに対する社会的偏見・差別解消を目的とするイベントが開催され、大勢の人が集まり、メディアでも報道されています。さらに、結婚式を行う同性カップルが少しずつ増え、ホテルや結婚式場といったブライダル業界では、同性カップルにも男女と同じサービスを提供することも増えています。世界に目を向けると、同性同士の結婚を法律で定める国は毎年増えつづけています。このように、1947年当初とは、同性愛をめぐる社会状況は明らかに変わりました。現在は、同性愛も異性愛と同じように大切にされなけ

ればならない愛の形である、という社会意識が定着しつつあるといえる
でしょう。

同性婚法制化への働きかけ

しかし、残念ながら、社会意識の変化が法律の制定にすぐつながると
は限りません。同性婚を法律で定めるには、国会議員に社会意識の変化
や同性婚の必要性をわかってもらわなければならないからです。

そのための１つの方法として、同性婚を求める仲間とグループを作り、
そのグループを通して国会議員に働きかける、というものがあります。
現在、同性婚を求めるグループが、たとえば、EMA日本、特定配偶者
法全国ネットワークなど、いくつか結成されています。そうしたグルー
プに協力・賛同することも法律の制定につながる大切な行動です。

また、2015年７月、この本の執筆者の一部が代理人となり、同性婚が
認められないことが人権侵害であるとして、日本弁護士連合会に対して
人権救済を求める申立を行いました。これは、同性婚が認められないこ
とを「人権侵害」と明確に位置づけた、法制化に向けた働きかけの１つ
です。

人権とは、人が、ありのままのかけがえのない個人として大切に扱わ
れなければならないということをあらわす言葉です。結婚をするかしな
いかは、人生にとってとても重要なことです。それなのに、同性を愛す
る人には結婚の選択肢がないというのは、同性を愛する人が大切に扱わ
れていないことであって、同性を愛する人の人権が侵害されているとい
えます。

さらに、裁判所に訴えるという方法も考えられます。日本の裁判では、
個人の具体的な権利義務が侵害されていることを理由にしなければなり
ません。ですので、同性婚が保障されていないことにより、どのような
不利益があるのかを具体的に裁判所に伝えることが必要です。将来的に、

chapter 2 ● 性のあり方と法律　　29

裁判所に訴えがなされる可能性は十分にあるでしょう。その際には、個人の人権を救済する役割を担う裁判所にふさわしい判断、同性婚を認めないことは人権侵害である、という判断が期待されます。

chapter 2　性のあり方と法律

3 | セクシュアル・マイノリティの パートナーシップに関する制度って何?

Q 2015年に、同性カップル間のパートナーシップについての条例 などが、東京都渋谷区や東京都世田谷区で成立したと聞きまし た。これらはどのような内容で、同性カップルにとってはどの ようなメリットがあるのでしょうか。

A 同性カップル間のパートナーシップを区が証明するものです。 法的な効力はないものの、地方自治体が同性同士の関係性を認 めました。

渋谷区同性パートナーシップ条例

　日本では残念ながら、同性婚は認められていません。ですので、同性 カップルの2人が何年一緒に住んでいようが、婚姻届を提出することは できません。2人の関係を法的な形で公に証明することはできないので す。

　ところが、2015年3月に東京都渋谷区で「渋谷区男女平等及び多様性 を尊重する社会を推進する条例」が成立しました。条例というのは、住 民に選ばれた地方議会議員が決める、その地方自治体のルールです。 「渋谷区男女平等及び多様性を尊重する社会を推進する条例」にはさま ざまな内容が規定されていますが、画期的なのは、条例では日本で初め て同性カップルのパートナーシップについて定めていることです。この 条例では、パートナーシップを、「男女の婚姻関係と異ならない程度の 実質を備える戸籍上の性別が同一である二者間の社会生活関係」として

います。つまり、結婚している男女のカップルと同様の実態を持つ同性同士のカップルのことを指します。しかも、同性のカップルはパートナーシップ証明を受けられます。パートナーシップ証明をもらうには、原則として2つの条件をクリアする必要があります。1つは、当事者が、お互いに相手のことを、将来任意後見人になってもらうと約束する任意後見契約というものを結び、それを公正証書で作成し、かつ登記を行うことです（chapter 8 − 14を参照）。もう1つは、共同生活を営むにあたって、2人の間で、渋谷区の規則で定める事項について合意したという契約が、公正証書で交わされていることです。

　他にも、この条例には、セクシュアル・マイノリティの人権を尊重する社会を推進する、セクシュアル・マイノリティを差別する行為をしてはならない、といった内容が書かれています。

パートナーシップ証明の効力

　パートナーシップ証明が発行された場合、どのような効力があるのでしょうか。

　残念ながら、パートナーシップ証明をえても、法律上の婚姻の効果はありません（ちなみに、条例が作られる頃、「この条例が憲法24条に違反する」という意見がごく一部にありましたが、このパートナーシップ条例は法律上の婚姻とは違うものですし、憲法24条は同性婚を禁止まではしていません）（chapter 2 − 2を参照）。

　しかし、法律上、婚姻の効果はなくても、社会に対してとても大きな影響があります。条例には、渋谷区民や渋谷区にある事業者や公共団体などは、パートナーシップ証明を最大限配慮しなければならないと書かれています。地方自治体が、同性同士の関係性を正面から認めたことの意義は、きわめて大きいです。渋谷区の条例が全国に報じられたことで、今まで、LGBTやセクシュアル・マイノリティという言葉を聞いたこと

がない人にまで、その言葉を浸透させました。差別が起こるのは、存在が知られていないことも１つの原因といえますが、セクシュアル・マイノリティの存在を可視化させたことは大きな意義があります。

世田谷区パートナーシップの宣誓の取り扱いに関する要綱

東京都渋谷区の条例に続き、東京都世田谷区でも、2015年11月に「世田谷区パートナーシップの宣誓の取り扱いに関する要綱」が定められました。世田谷区では、条例ではなく、要綱というスタイルです。条例と要綱の違いは、地方議会議員が定める条例に対して、区長が定める区職員に対する事務マニュアルが要綱であるといえるでしょう。区職員が仕事をするにあたって、区民のＡさんとＢさんに対して違う扱いをしては、区民に不公平であることから、こうしたマニュアルが作られるのです。

「世田谷区パートナーシップの宣誓の取り扱いに関する要綱」では、同性カップルを、「互いをその人生のパートナーとして、生活を共にしている、又は共にすることを約した性を同じくする２人の者」としています。２人が20歳以上で、２人とも世田谷区に住んでいるか、１人が世田谷区に住んでいて、もう１人が世田谷区への引越を予定していれば、パートナーシップ宣誓書がもらえます。

渋谷区の条例と同じように、パートナーシップ宣誓書には法的な効力はありませんが、LGBTやセクシュアル・マイノリティという言葉が少しずつ浸透していくことに伴い、今後、同性カップルの関係を証明するものとして役立っていくことになるでしょう。

多様性のある社会へ

渋谷区のような条例を認めると、少子化になるなどといった誤った意見も耳にすることがあります。渋谷区の条例も世田谷区の要綱も、すで

chapter 2 ● 性のあり方と法律　33

に社会に一定数存在する同性カップルを認めるもので、これによって少子化につながるはずがなく、むしろ、条例によって同性カップルについて社会の理解が広がることで、このような誤解がなくなっていくことが期待されます。

　人は、誰もが違います。お互いがお互いを認めあう、多様性のある社会に向けた動きとして、とても意義のある制度です。

chapter 2　性のあり方と法律

4 ｜ 性同一性障害者特例法って何？

Ⓠ 私は、戸籍上は女性、心の性は男性のトランスジェンダーです。
性別適合手術はしていないので、性同一性障害者特例法の条件
にあてはまらず、戸籍上の性別の変更ができません。そのため、
交際して5年になる彼女がいますが、結婚もできません。今後、
この性同一性障害者特例法は、私のような性別適合手術をして
いないトランスジェンダーが性別変更できるようになるのでし
ょうか。また、そもそも、性同一性障害者特例法はなぜ作られ
たのでしょうか。

Ⓐ 人権上の問題から、海外では性別適合手術を性別変更の条件に
していない国もあります。今後、日本でも、手術の条件を含め、
性同一性障害者特例法の改正についての議論がありえるでしょ
う。

性同一性障害者特例法ができるまで

　性同一性障害者特例法は、2003年7月10日に成立し、2004年7月16日
に施行されました。

　この法律ができる前は、裁判所も戸籍に書かれている性別を、心の性
別にあわせる訂正は認めないとの判断をしており、戸籍上の性別変更に
ついては、高いハードルが立ちふさがっていました。

　しかし、当事者団体の粘り強い活動、当事者の抱える問題に関心を持
った法律家、医療関係者や政治家などの働きかけによって、性同一性障

害者特例法はできました。

　現在、性同一性障害者特例法により、戸籍上の性別を心の性別の通りに変更し、生活を送ることができている当事者は少なくありません。しかし、一方で、現在の性同一性障害者特例法では、なおカバーできないトランスジェンダーの人たちもいます。

　現在の性同一性障害者として認められるための条件は、次の６つですが、それぞれ問題を抱えています。

　　①性同一性障害についての知識と診断の経験を有する２人以上の医師から、性同一性障害であるという診断をえていること
　　②生殖腺がないこと、または生殖腺の機能を永続的に欠く状態にあること
　　③望みの性の性器に近似する性器を有していること
　　④20歳以上であること
　　⑤現に婚姻していないこと
　　⑥現に未成年の子がいないこと（当初は「現に子がいないこと」でした）

現在の性同一性障害者特例法の問題点

　ここからは、それぞれの条件について考えてみます。

　①についてですが、当事者の中には、「障害」であるというレッテルを苦痛に感じる人もいます。そのため、性別変更の前提として、「障害」というレッテルに抵抗を持つ人への配慮に欠けているという問題点があります。

　②と③についてですが、体の性別と心の性別が一致しない人（トランスジェンダー）の中にも、さまざまな人がいます。性別適合手術を望み、実際に施術を受ける人もいれば、性別適合手術をしたいけれどもさまざまな理由からできない人やしない人もいます。一方で、性別適合手術を受けるまでは自分の体への嫌悪感はない人もいます。

36　　1 ● セクシュアル・マイノリティって何？

手術は経済的にも、身体的にも、時間的にも、受ける人にとって負担になります。手術自体にも感染症などのリスクがあるため、受けるか受けないかは、本人が自分で自由に決めるべきものでしょう。

　現在の性同一性障害者特例法は、これらの負担やリスクを取らなければ性別変更を認めないという点が問題です。2014年5月30日には、WHO（世界保健機関）などの複数の国連の機関が、生殖腺切除を性別変更の条件として強制すべきでないという共同声明を出しています（「強制・強要された、または不本意な断種手術の廃絶を求める共同声明」）。

　④についてですが、人は生まれながらにして自由で平等であるものの、未成年者は社会的には十分な判断能力がないとされていることから、大人によって一定の制約を受けます（その反対に、一定の法的な保護も受けます）。性別適合手術は、体などに重要な影響をおよぼすものであるため、現在の性同一性障害者特例法が②と③を条件としていることで、④が必要だという考え方はあるかもしれません。

　⑤についてですが、たとえば、戸籍上は男性で心の性別が女性のトランスジェンダーが、現在戸籍上は女性の人と婚姻している場合（実際に、さまざまな理由で結婚している人がいます）、もしトランスジェンダーの人が戸籍上の性別変更をすることになると、女性と女性の婚姻関係に変わることになります。日本では同性婚の法整備がなされていないため、このようになっています。

　このため、すでに結婚していたカップルの一方がトランスジェンダーの場合、性別変更をするために自分たちの意思に反する離婚届を提出するか、性別変更をあきらめて婚姻状態を継続するかの2択を迫られることになりますが、個人の尊厳や家族に関する事項についての自由権に抵触しうるという問題があります。

　⑥についてですが、当初の「現に子がいないこと」という条件からは一歩前進したとはいえます。この条件は「未成年者という多感な時期に、親の性別が変わることは混乱を来す」という未成年の子どもへの配慮か

chapter 2 ● 性のあり方と法律　　37

もしれません。しかし、性別変更をする人は司法統計によれば年々増加傾向にあり、2014年では1年間で約800人にものぼっています。また、トランスジェンダーの存在も社会的には認知されてきました。たまたま親が性別変更をすることが、その一事をもって子どもに悪影響があるという判断は、誤りであると考えます。

　このように、現在の性同一性障害者特例法には、さまざまな問題点があります。そして、法律の附則の部分にも「必要に応じ、検討が加えられるものとする」とあることから、今後、法改正の可能性は十分あるでしょう。

2

セクシュアル・マイノリティの暮らし

chapter 3 パーソナリティ編

1 | 「男らしさ」、「女らしさ」を求められて嫌だ

Ⓠ お父さんが「女のくせにズボンばかりはいて髪も短くして。もっと女らしくしろ。男に見えるぞ」と私をよく叱り、お母さんは悲しそうな目で私を見ます。友達も私の服装を冷たい目で見ます。けど、私にはこの服装が一番自然です。周りの人にいわれるたびに、「自分は変なのかな」、「みんなと一緒の方がお父さんもお母さんも喜ぶのかな」と考えるだけで苦しくなります。どうしたらよいでしょうか。

Ⓐ まずは今の自分を大切にしましょう。そして、その自分をそのまま受け入れてくれるかどうかで、親との関係を考えてください。また、同じ考えの人を見つけると、気持ちが楽になります。

「男らしさ」、「女らしさ」は人によってさまざま

　「男らしさ」とか「女らしさ」とか、目には見えない価値観を押しつけられるのは、とても嫌ですよね。と同時に、自分の気持ちを理解できない親を見るだけでつらいでしょうし、心を打ち明けられる友達がいないのもつらいですね。

　ただ、少し立ちどまって考えてみてください。

　「男らしさ」、「女らしさ」って何でしょうか。外見のことをいう人もいるかもしれませんし、性格のことをいう人もいるかもしれません。そう、「男らしさ」とか「女らしさ」は、人それぞれ違うのです。また、「男らしさ」、「女らしさ」の中身がみんな違うように、「自分らしさ」の中

40　　2 ● セクシュアル・マイノリティの暮らし

身もみんな違うのです。十人十色という言葉があるように、違って当たり前なのです。今の自分は何もおかしくないのです。

憲法13条には、「すべての国民は、個人として尊重される」とあります。これは、みんなそれぞれの「らしさ」を大事にして、互いにその「らしさ」を尊重しましょうという意味です。あなたの「らしさ」は、憲法でも尊重されているのです。

それでも、親は理解してくれないかもしれません。自分と考えが違う場合、受け入れるのに時間がかかる人もいます。親が自分を理解してくれることを、時間をかけて待つか、もしくは、待っても考えを理解してくれないようであれば、親との距離を少し置くというのも1つの考えです。

居場所を探してみるのも1つ

今の自分を大切にしても、あなたのつらさが続くこともあると思います。そんなときは、周りを見わたして、同じ考えの人を探してみてください。同じ考えをわかちあえる人との出会いで、1人じゃないんだと実感できると思います。いろいろな出会いの場がありますから、詳しくはこの本の最後の「相談機関一覧」を見てください。それぞれの団体が活動をしていますので、少しのぞいてみるのもよいかもしれません。

chapter 3 ● パーソナリティ編　41

chapter 3 パーソナリティ編

2 | 信頼していた友達の無意識な言葉に傷ついたとき、どうすればよい？　自分を好きになれるための方法ってある？

Q 男子高校生です。中学のときに男性を恋愛対象として見るようになりました。そのことは、親や友達にはいっていません。この前、小学校時代からの友達とテレビを観ていたときに男同士がキスをしている場面が映りました。それを見た友達が「気持ち悪いよね〜」といったことがとてもショックで「自分は何で女ではなく男が好きになってしまったのだろう」と、今の自分が嫌でたまりません。こんな自分を好きになれる方法ってありますか。

A あなたと同じように同性が好きだということで悩んでいる人がいます。そうした人と出会い、話をして、仲間を見つけましょう。

私も経験した気持ち

　真面目に取りあげているテレビ番組もありますが、セクシュアル・マイノリティ、特に男性を恋愛対象にする男性に関してはバラエティ番組のネタにされることも多く、また、女性的な容姿や言葉づかいをするといった偏ったイメージも作られています。テレビ番組などを見た人の感想や学校での話題は、「ホモ」、「おかま」、「気持ち悪い」といったものになりやすく、カミングアウトしていない当事者にとってはつらい思いをすることも多いです。

42　　2 ● セクシュアル・マイノリティの暮らし

私も中学の頃に同級生の男子を好きになり、それ以来ずっと恋愛対象は同性ですが、その当時の中学校生活を振り返ってみても、同性愛者を軽蔑する発言が飛び交っていたように思います。

　友達が「気持ち悪いよね〜」といったとき、ショックと突然のことにどう反応していいのか、友達に変に思われないためにどうしようか、と、あなたの頭の中は大変だったと思います。「そんなことないよ」といいたくてもいえず、悔しい気持ちだったかもしれませんね。

同性が好きなことは何もおかしくない

　ここで、ちょっと冷静に考えてみましょう。

　その友達は、どうして「気持ち悪いよね〜」といってしまったのだと思いますか。

　残念ながら世の中には同性を好きになる人を、バカにしたり、軽蔑したり、「異常だ」、「変態だ」とする感情があります。そのような感情のことをホモフォビア（同性愛嫌悪）といいます。ひどいことですが、同性を好きになる人は、学校生活で仲間外れにされたり、いじめられたりすることもあります。今まさに、悩んでいる人もいるでしょう。あなたの友達もきっと、そのような感情に影響されてしまったのです。

　そして、このように異性を好きになるのが「普通」、「当たり前」で、同性を好きになるのは「異常」という世の中で暮らしていれば、あなたのように「同性を好きになる自分が嫌でたまらない」と思ってしまうのも無理のないことです。

　しかし、人を好きになることは、あなたの大切な個性です。確かに世の中の多くの人は恋愛対象が異性ですが、数は少ないけれど恋愛対象が同性である人や男性も女性も恋愛対象だという人もいます。その人その人の個性はかけがえのないものであり、大切にされなければならないものです。ですから、恋愛対象が同性や両性だからといって、その人をバ

chapter 3 ● パーソナリティ編　　43

カにしたり軽蔑したりするのはとてもおかしいことです。

　憲法13条には、「すべて国民は、個人として尊重される」と書かれていますが、その意味は、その人がその人らしく生きてよいということです。また憲法14条には、「すべて国民は、法の下に平等であって、人権、信条、性別、社会的身分又は門地により、政治的、経済的又は社会的関係において、差別されない」と書かれていますが、その意味は、人は誰でも生まれながらに平等であり、差別されてはいけないということです。セクシュアル・マイノリティもまた、その人らしく生きてよいのです。おかしいのは、セクシュアル・マイノリティをバカにしたり、軽蔑したりすることであって、同性を好きなあなたは、何もおかしくありません。

理解してくれる人や仲間を見つける

　今のあなたが、もし誰も相談できる相手がいないのであれば、まず、あなたと同じようにセクシュアル・マイノリティであることで悩み苦しんできた人と出会い、理解してくれる人や仲間を見つけることが大切です。

　セクシュアル・マイノリティであるということを自然に受け入れている人もいますが、あなたと同じように悩み苦しんでいる人や悩み苦しんできた人は大勢います。あなたは、1人ではないのです。

　では、同じように悩み苦しんできた人の存在を知ったり、理解してくれる人や仲間を見つけたりするためには、どうすればいいのでしょうか。セクシュアル・マイノリティに関係する団体や安心して話ができる場も全国的には増えていますが、地域によってそのような団体や場がないところもあります。

　インターネットやSNSで仲間を見つけるということも考えられますが、相手の顔が見えないやり取りのため、事件やトラブルに巻き込まれることもあります。顔写真や住所・氏名などの個人情報の公開は、どこまで

オープンにしてよいのかを考えながら、自分の趣味や考え、悩んでいることなどをある程度公開して自分のことを知ってもらうなど、公開していい情報と公開してはいけない情報を判断しながら行動することが必要です。

　また、市区町村やNPOなどの団体が実施している電話相談などの窓口もあるので、そちらを活用することも1つの方法です。

　まず、大切なことは、そのための一歩を踏み出すことです。仲間は必ず見つかります。焦らずにじっくり行動してみましょう。

chapter 3 ● パーソナリティ編　　45

chapter 3　パーソナリティ編

3 | 他のセクシュアル・マイノリティや安心して話ができる友達は、どうすれば知りあえる？

Q 僕はゲイなのですが、クラスの中では「ホモネタ」や「レズネタ」でみんながおもしろおかしく笑いあっているし、先日は、一番仲のよい友達まで、軽く冗談のように「ホモネタ」をいっていたのが、ショックでした。そんな中で、「自分は同性が好きだ」ということを、誰にもいうことができません。他のゲイの人や、安心して話ができる友人と、どうやったら知りあえますか。

A セクシュアル・マイノリティのためのコミュニティスペースやサークルがあります。特に、10代の子どもたちのための場所もあります。また、パレードやイベントも各地で行われています。是非参加してみてください。

1人ぼっちのこわさ

　今、学校や地域の中で、ありのままの自分で、仲よく自然に話すことができる友達がいなくて、1人ぼっちに感じているのですね。特に、セクシュアル・マイノリティであることに一番悩む10代の時期に、1人ぼっちであることは、とてもつらいことです。

　スマートフォンでインターネットを見ると、いろんな情報が流れていて、自分と同じセクシュアリティの人たちがたくさんいることがわかります。でも、実際にインターネット上で、その中の誰かに連絡を取ったり、会ったりするのは、勇気がいることです。ひょっとしたら相手がこ

わい人かもしれない、トラブルに巻き込まれるかもしれない、自分の個人情報をばらまかれるかもしれない、など、こわくて、ためらってしまいますね。

　法律は、1人ひとりが大切な存在、大切な人間として扱われること、尊重されること、そのことを一番大事にしています。そして、そのためには、誰もが「1人ぼっちではない」と実感できることが必要です。

　法律家は、仕事で、いろんな人たちのトラブルに接します。自分の周りに、ありのままの自分を認めあえる仲の人がいない、一緒に考えてくれる人や支えあえる人がいない――。そういう、1人ぼっちの中で、トラブルに巻き込まれ、ようやく最後に法律家のところにたどり着くケースが、多いです。

　特に、セクシュアル・マイノリティが、誰かと出会おうと思って一歩を踏み出すそのときに、限られた空間での、限られた人とのつながりからスタートしがちなので、出会ったその相手とトラブルになったときに、もっと1人ぼっちで、苦しい思いをすることになりかねません。バーやクラブイベントもありますが、10代の子どもたちにとって、夜という時間で、お酒がある場所は、好ましくありません。

不安が少ない居場所

　最近は、限られた相手ではなく、いろんな仲間がいて、夜ではなく日中に、そして、お酒も必要ない、そういうセクシュアル・マイノリティの「居場所」が、たくさんできています。スポーツだったり、音楽だったり、同じ趣味で集まっているさまざまなサークルがあります。大学にも、さまざまなセクシュアリティの人たちが一緒にわいわいと楽しく活動している団体がとても多くなりました。

　また、セクシュアル・マイノリティのための「コミュニティスペース」、いわば公民館のような場所もあります。スタッフがいろんな相談事・悩

み事を聴いてくれます。同じセクシュアリティの友達と安心して出会いたいというあなたの気持ちも、しっかりと受けとめてくれます。たとえば、神奈川県横浜市にある「SHIPにじいろキャビン」は、特に、10代のセクシュアル・マイノリティの子どもたちにとって、大切な居場所になっています。そこに実際に来ている人は、こんな風にいっています。

エク（高3・ゲイ）

　高2のときつきあっていた男の先輩と失恋しましたが、学校では恋愛や性の悩みなど話せず悩んでいました。また、同じゲイと話がしたくてもネットで知らない人と出会うのは怖く行動できませんでした。

　そんなときネットでSHIPの存在を知りました。SHIPでは当事者同士が安心して出会え、話すことができ、悩みなども相談することが出来ます。またそうした中で得られる自己肯定感から自分の将来像やライフスタイル、進路を考えていく意欲も出てきます。

　私も大学へ進学し多くの人にLGBTのことを理解してもらう為に勉強したいと考えた際、SHIPで出会った多くの方に優しく助言や後押しして頂き進路を実現しました。

　SHIPには色々な人が訪れます。そうした環境で多様性を認めあい、自分を理解してくれる仲間と出会い、語り、成長し、将来に舵を切ることの出来る学校の様な居場所です。

はるき（高1・FtM）

　自分が初めてSHIPを知ったのは中学2年生、ちょうど制服を着るのが苦痛で学校へ行っていなかった時期です。

　その頃、実際に性別の違和感で悩んでいる人に会い自分だけじゃない、と安心したくて毎日のようにインターネットで情報を集めていました。ですが出てくるのは夜に居酒屋等で開かれる集まりばか

りで、中学生の自分には参加できるような集まりではありませんでした。

　そんな中で、昼間も空いていて10代向けのイベントも開催していると書かれているサイトを見つけました。それがSHIPでした。

　それから１年後の中学３年生の時、SHIPへ行きました。そこでSHIPのシンジさんやSHIPに来ていた方たちとたくさん話をし、初めて「自分だけじゃなかった」と安心することが出来ました。高校生になった今、SHIPでたくさんの人たちと出会い同年代の友人もできました。自分にとっていつ行っても安心出来る、自分を隠さずに居られる、SHIPはそんな大切な居場所です。

　東京、大阪、名古屋などの大都市では、セクシュアル・マイノリティのパレードが行われていて、近年は大都市だけでなくいろんな地域で多くのイベントが行われています。とても多くの人たちが、セクシュアル・マイノリティも、そうでない人も、一緒になって楽しい時間を過ごしています。団体やコミュニティスペースなどに直接連絡するのが不安な人も、広く開かれているイベントをちょっとのぞいてみるだけでも、「自分は１人ぼっちではない」という気持ちになれると思います。

　同じセクシュアリティだからこそわかりあえることもあると思いますし、セクシュアリティが同じであってもいろんな人がいますから、気があわないこともあると思います。ただ、わかりあえる人がいる可能性のある場所に、一度行ってみるということは、自分の中での１つのきっかけにつながるかもしれません。

chapter 3 ● パーソナリティ編　　49

chapter 3　パーソナリティ編

4 ｜ 親、学校、職場へのカミングアウト

Q 私は、セクシュアル・マイノリティ当事者です。これからは自分の心の性別で生きていきたいという気持ちが強くなり、親、学校、職場にカミングアウトをしようと決意しました。ですが、誰に何を話せばよいのかがよくわからないので、相手に受け入れられなかったときのことを想像すると、すごく不安です。どうすればよいのでしょうか。

A カミングアウトは、あなたと相手の関係性によって受け取られ方も変わります。カミングアウトを行うかどうかは、慎重に考えましょう。

カミングアウトとは

　カミングアウトとは、自らの性的指向・性自認などを他人に打ち明けることをいいます。自分が誰を好きであるか、自分がどのような性であるかを勇気を出して他の人に告白することです。自分が誰を好きであるかなどについて、秘密にして、日常生活を送るのは思った以上に大変で面倒なことです。そのため、セクシュアル・マイノリティ当事者の中には、親しい人にカミングアウトしたいと思う人が少なくありません。

　けれども、相手にどう受け取られるかわからない、相手が何を考えているかわからないために、誰にでもカミングアウトをするには戸惑いがあります。もしかしたら、カミングアウトによって、相手との関係が壊れてしまうかもしれない……。そう思うことは不思議ではありません。

最近は、セクシュアル・マイノリティが、社会に存在していることが知られるようになり、テレビなどでも活躍しています。ただ残念ながら、セクシュアル・マイノリティ当事者に対して、マイナスのイメージを持っている人がいることも否定できません。

　そのため、あなたがカミングアウトをしようと思っている相手が、まずはあなたのセクシュアリティに対して、どのような考えやイメージを持っているかを探っておくことが重要です。相手がマイナスのイメージを持っていなければ、カミングアウトをするハードルは下がるでしょう。しかし、マイナスのイメージを持っていたとしたら、その場合には、相手があなたを好きであるか、関係が良好であるかどうかがとても重要です。もしも、相手があなたのことを好きで、大事に思っているのであれば、絶対ではありませんが、相手はあなたのことを受け入れたい、力になりたいと思ってくれる可能性が大きいでしょう。

　そして、カミングアウトをすることは、思いのほか、人生にとって一大事です。あなたの相談・悩みを聞いてくれる人がいればよりよいです。

親にカミングアウトする

　あなたが親にカミングアウトをしたいと思う場合、特に慎重になった方がよいと思います。あなたが経済的に親のもとで生活している場合には、もし受け入れてくれなかったら、生活ができなくなるおそれがあるからです。家を飛び出してしまうと非常に不安定な生活が待ち受けています。ですので、なるべく、親のもとで生活をしている場合には、信頼できる大人に、親へのカミングアウトについて相談しましょう。

　あなたの親があなたのセクシュアリティに対して、マイナスのイメージを持っている場合、カミングアウトには非常にエネルギーが必要です。親があなたのことを受け入れたいと前向きに思ったとしても、少なくとも数年の時間がかかるかもしれません。多くの親はまず驚くでしょうか

chapter 3 ● パーソナリティ編　51

ら、受け入れるまでには、親の心にも時間が必要なのです。すぐにわかってもらいたい気持ちはとてもわかりますが、親が理解することを待つ我慢も、あなたには必要になるかもしれません。

学校にカミングアウトする

　学校にカミングアウトをする場合には、まずは親しい友人やあなたを大事に思っている先生から行いましょう。集団に対してカミングアウトをするよりも、あなたを大切に思っている1人からはじめることをおすすめします。あなたが、「この人になら話しても大丈夫かもしれない」、「相談したら話を聞いてくれるだろう」と思えるかがポイントです。

　特に、あなたが思春期の場合、学校の中でいじめにつながることもないとはいえません。周囲の雰囲気が、あなたのセクシュアリティに対してどのような感じかも、よく確認しておいた方がよいでしょう。

職場にカミングアウトする

　あなたが仕事をしている場合、職場でカミングアウトすることは日々の仕事をする上で、自分らしく働くことにつながるかもしれません。しかし、職場にはいろいろな考えの人がいますし、職場の雰囲気もさまざまです。もし、セクシュアル・マイノリティがネガティブに話されていたとしたら、カミングアウトによって、仕事で不当な扱いを受けるかもしれません。本当に信頼できる人がいるか、職場であなたのセクシュアリティがどのように考えられているかを、よく見極めましょう。

> コラム

1人ぼっちだと思っていても、きっと大丈夫

上汐 ジョンコ

スカート大嫌い

　誰もおらず、ちょっとうす暗くてひんやりとした家の中。小学校から帰ってきた私が見つけたのは、放課後に着替えるように用意されていたスカートでした。とても不快でたまらなかったことを覚えています。毎日いろんなことがあったはずなのに、30年以上経った今も、その気持ちをずっと覚えています。

「中性」とかいわれながらも、のびのび遊ぶ毎日

　私はスカートが嫌いで、野球やサッカーをして遊ぶのが好きな小学生でした。家の中で遊ぶときも、みんなで少年マンガを読んだり、まねをして絵を描いたり、アクションゲームなど男の子向けとされるゲームをしたりで、友達は男の子ばかりでした。その頃、私が自分の性別をどう思っていたかは覚えていません。ただ、時々、他のクラスの人や上級生が、男の子と一緒に遊んでいる私に対して、「お前、男？女？」、「中性って知ってる？」、「おとこおんな」、「変態」などといって、からかったり、バカにしてきたりすることがありました。「自分は全然知らない人から何かいわれてこわい目にあうこともある存在なんだ」ということを十分認識させられました。ただ、そういうことはありましたが、小学校低・中学年の頃は、これまでの人生で一番屈託なく、奔放に生きていた時期でした。今の自分のことは好きですが、あの頃のままのびのびと成長できていたらもっとおもしろくなっていただろうなとは思います。

同じクラスの男子も敵に

　小学校高学年で転校してから、状況は一変しました。それまでは、他のクラスの人や上級生から何だかんだといわれることはあっても、同じクラスの男の子はみんな友達でした。しかし、転校先では、同じクラスの男子は、仲間ではなく、敵でした。「女なのに野球、サッカーなんておかしい」、「何で男の格好なの？」とおかしな奴扱いで、のけ者にされました。勇気を出して参加した放課後の野球では、「女を仲間に入れられるかテストする」といわれ、フライをキャッチするテストをさせられました。合格点はもらったものの、結局のけ者扱いは変わらず、友達と遊び放題だった放課後がどんどん1人ぼっちの時間ばかりになっていきました。

女子の遊び方入門

　男子と仲よくなれないので、女子になじもうとしましたが、女子の間では、好きな芸能人を決めてその芸能人のことがどれだけ好きかを競うような文化があり、これまでとは全然違った感じでした。私は、少しずつ女子の遊び方、人間関係の作り方を観察し、練習しました。私が決めた好きな芸能人は、ジャニーズ全盛の中、私より10歳ほど年上の映画俳優でした。周りは、同じ年か少し年上のジャニーズのタレントが好きな人ばかりでした。その映画俳優のことは嫌いではありませんでしたが、ジャニーズに興味が持てなかった私の苦渋の選択だったのだと思います。ファンクラブに入って何度も握手会に行ったり、自分の部屋に何枚もポスターを貼ったりしていましたが、特にドキドキすることはありませんでした。好きな芸能人がいて応援しているということをきっかけに、友達を作ろうとしていただけだったのだと思います。小学校中学年までの奔放な自分はどこかに行ってしまい、自分と世界の一体感が失われていきました。

大変だった中学時代

中学は、とても荒れていて、心の安らぐときがありませんでした。仲間外れにならないよう、監視しあい、落とし入れあうことが日常でした。これは、男子も女子もどちらもそうでした。いつも緊張感がありました。放課後に祖母が撮ってくれた写真があるのですが、とても目がうつろで表情がなく、あの頃の自分を象徴していると思います。よくあんな毎日を生き延びたと思います。

私が私のままでいられた訳

家族の存在がなければ、人生が中学で終わっていたかもしれません。家族は誰も私に、「女らしくしろ」とか「スカートをはけ」とかいうことがありませんでした。小学校低学年の頃、親が私の好みをよくわかっておらず、スカートが用意されていたことはありましたが、それもそのときだけで、その後は私の好きな服を着させてくれました。男の子とばかり遊んでいたときもとがめられませんでした。祖母は、プレゼントにサッカーボールを買ってくれました。家族の誰からも、「男の子みたいだね」とすらいわれた覚えはありません。私が私のままでいることを、ずっと自然に受け入れてくれていました。

いろんな大人が救いになる

「男」、「女」の枠組みにあてはまらない存在に対して、大人もですが、子どもはもっと率直に残酷なことをすることがあります。そんなとき、周りにどんな大人がいるかはとても大切で、ときには命にかかわることだと思います。私の場合は家族に助けられましたが、学校の先生、近所の人、図書館の職員、地域のスポーツクラブの人、塾の先生、いろんな大人が、言葉をかけ、受け入れることで救われることがあると思います。

コラム ● 1人ぼっちだと思っていても、きっと大丈夫

女の子を好きになった

高校は、制服のない学校に入りました。制服は、男と女で違うのも気持ちが悪かったですし、好きな服をなぜ着てはいけないのかがわからず、とても嫌でした。高校は、勉強は大変でしたがおもしろかったし、中学と違ってパワーゲームをする必要があまりなくて、とても楽でした。今でも続いている友達もできました。そして、ある女の子のことがとても好きになりました。それまでも気になる女の子はいましたが、今回はもっと強い気持ちでした。その子のことはいつも気になっていました。気になり過ぎて話しかけられず、せっかく同じクラスだったのにほとんど話せませんでした。学年末に行われたクラスの打ちあげ会でやっと話をしました。次の年は別のクラスになりましたが、時々会って将来のことを話したり、同じ本を読んで感想をいいあったりもしました。高校を卒業してから1か月位旅行をしたこともありました。その子が旅行者の男の子と仲よくするのが嫌で不機嫌になってしまったこともありました。結局、私が臆病で、自分の気持ちは伝えないままになってしまいましたが、今も関係は続いています。

いろんな人がいる、豊かな時間

高校生の頃定期的に読んでいた雑誌では、レズビアンやゲイのことがたまに特集されていました。読んでいるだけでしたが、自分だけではないのだなと思っていました。大学に入ってしばらくしてから、同性愛に関する記事が大学内のメディアに載っているのを読みました。その記事をきっかけに、同性が好きとはっきりといっている人たちに初めて会いました。レズビアンだけでなく、ゲイも、バイセクシュアルもいました。私のように男に見えることもある女の人もいました。異性愛者だけどすごく変な人もいました。別の学校の人とも知りあったし、働いている人にも、何をしているのかわか

らない人にも、うんと年上の人にも会いました。いろんな人たちと知りあいました。男らしさや女らしさのこと、人間関係のこと、セックスのこと、いろんなことを話しあいました。普通でないことを変だと切り捨てない人たちとの時間は、とても豊かなものでした。

「普通でなくてよかった」

今、私は、「自分は自分」と思っていますが、女性であることを否定したいとも思っていません。自分の性別や好きになる性を決めてしまいたくないという気持ちはありますが、レズビアンがいないことになるのは嫌なので、レズビアンだと名乗ることもあります。女らしくない女であることや同性が好きなことで嫌な思いをすることもたまにありますが、「1人ひとり違うことが大切なことだ」と思うたくさんの人たちと出会えました。「普通でなくてよかった」と心から思っています。

chapter 4 　学校・家庭生活編

1 ｜ 自分の本当の性別で学校に通いたい

Ⓠ 中学生です。これまで女子として学校に通ってきましたが、自分の性別に違和感があって、本当は男子として通いたいです。でも、誰にもいえず、トイレの利用や制服のこと、何より自分だけでなく友達にも嘘をついているような気がして、苦しくてたまりません。自分の本心を学校で話したとき、学校がどんな対応をするかわからないので不安で一杯です。

Ⓐ 誰でもよいので、まず1人、信頼できる大人に相談しましょう。自分の本心を誰かに伝えないと、不安な気持ちも状況も変わりません。なので、何とか動き出すことが大切です。

まず信頼できる大人に相談する

　同じ悩みを持っている人は、あなたが思うよりも世の中には大勢います。自分の本当の性別で学校に通うことを心に決めても、学校の対応や友人の反応などがわからないので、すごくこわいと思います。

　これから学校に話をするには、あなたの保護者のサポートが必要ですし、あなたの体の性別に違和感があることを、専門医に判断してもらう必要もあります。そのため、保護者に相談できるのが一番なのですが、それが難しいからこそ、今悩んでいるのでしょうね。学校の保健室の先生やスクールカウンセラー、自分が信頼できる先生にまず少しだけ話してみて、理解を示し、一緒に考えてくれそうならば、本心を打ち明けてみてください。その後、保護者や専門医も含めた話しあいの進め方を考

58　　2 ● セクシュアル・マイノリティの暮らし

えていきましょう。

学校は配慮しなければならない

　文部科学省は、2010年4月、全国の教育委員会と学校に、性別に違和感のある子どもたちに配慮をするように通知を出しました。「児童生徒が自認する性別の制服を認める」、「着替えの際にみんなとは別に保健室の利用を認める」、「修学旅行で入浴時間をずらす」などを例に挙げています。また、生徒が相談しやすい環境づくりとして、教員、教育委員会、医療機関などが連携することなどもそこには書かれています。さらに2015年4月にも、「性同一性障害に係る児童生徒に対するきめ細やかな対応の実施等について」という通知を出しています。この通知では、服装、髪型、授業などでの配慮や支援の具体例とともに、画一的な対応ではなくそれぞれのケースに応じた取り組みをする必要があると書かれています。

　つまり、学校は、あなたが本当の性別で学校に通えるように、配慮をしなければならないのです。もし相談できる人が見つからない場合には、まず保健室の先生に相談するのがよいでしょう。

あなたらしい学校生活を送るために

　しかし一方で、実際に生徒と直接かかわる教育現場では、具体的にどのような対応をすべきか、当事者の生徒の気持ちをどう理解し、向きあっていけばよいかという部分は、まだ考えている最中です。また、学校ごとで、勉強会や研修会などを開くなどもしていますが、学校によっても違いがあります。

　正直なところ、先生も知らないことがまだ多いのです。だからこそ、あなたを含め、みんなで一緒に考えていくことが必要になってきます。

chapter 4 ● 学校・家庭生活編　　59

制服やトイレ、名簿や座席など男女別のもの、男女によって授業が違う
もの、体育の着替えや健康診断の受け方、「君」、「さん」の呼び方など、
学校生活の具体的な場面ごとに考え、整理して話しあうことが大切です。
あなたと同じように、本当の性別で学校に通いたいと思っている人は大
勢いますが、それぞれがいろいろな考えを持っています。たとえば、全
校生徒の前で自分自身の言葉で話をしたいという人もいますし、できる
だけ周囲に伝えないようにしてもらい、時期を見ながら少しずつ本当の
自分を出していきたいという人もいます。

　いずれにしても、学校に絶対的なルールがあって、それにしたがわな
ければならないということはありません。あなたがあなたらしく安心し
て学校に通えるように、まずは自分から動き出してみましょう。

　もし今はそれが難しければ、10代の子どもたちのために相談に乗って
くれる団体もあります。そういったところに相談してから、学校にどう
話すかを考えるのもよいかもしれません。

60　　2 ● セクシュアル・マイノリティの暮らし

chapter 4　学校・家庭生活編

2 | 修学旅行の就寝のとき、別室に移るように学校からいわれている

Ⓠ　今度、修学旅行に行く予定です。みんなで同じ部屋に泊まることをとても楽しみにしていました。けれど、部屋割り発表のときに、先生から就寝のときだけ1人だけ別室で寝ることになるといわれました。みんなから離れて別室に行くことを考えると、すごく気まずい感じがするので、修学旅行に行くこと自体が面倒臭くなってきています。セクシュアル・マイノリティの生徒は、友達と一緒に寝てはいけないのでしょうか。

Ⓐ　あなただけが1人部屋にならなければいけないということはありません。学校と話しあいましょう。

学校に理由を確かめる

　楽しみにしていた修学旅行なのに、1人だけ別室といわれてしまったのですね。学校はなぜ、あなただけ別室と決めてしまったのでしょうか。

　もしかしたら学校は、お風呂や着替えなどのときに、あなたが他の人に体を見られることを苦痛に感じるのではないかと心配して、別室を用意したのかもしれません。しかし、あなたが学校の決定について疑問に思うということは、学校の説明が足りないということです。

　まずは、なぜ1人だけ別室の扱いなのか、学校側に理由の確認をしましょう。周囲の誰かにカミングアウトをしている場合、信頼できる大人と一緒に説明を聞くこともできます。口で説明されただけではよくわからない場合には、信頼できる大人から学校に紙にまとめてもらうように

頼んでもらってから、もう1回説明を受けましょう。それでも説明が足りなければ、弁護士に説明に立ち会ってもらうこともできます。

セクシュアル・マイノリティであることを理由に、学校が一方的に1人だけ別室という扱いをすることはできません。

自分の気持ちを伝える

あなた自身は、自分の体を見られることが嫌だと感じていますか。他の人の体を見てしまうことに気まずさを感じますか。また、恋愛対象となる友達と同じ部屋になったら、そわそわした気持ちになりますか。もしくは、安心して泊まれそうな人は誰かいますか。

あなたがトランスジェンダーの場合、あなたは、体の性別が同じ友達と心の性別が同じ友達のどちらと同室になりたいですか。たとえば、体の性別が同じ友達と同室がよいということなら、「1人だけ別室ではなく、体の性別が同じ友達と同室がよい」と学校に伝えましょう。

セクシュアル・マイノリティの生徒は、友達と一緒に宿泊できないということはありません。大切なのは、学校にあなたの気持ちを伝えることです。「男部屋がよい」、「女の子と同じ部屋がよい」、「○○さんや○○先生と一緒だったら安心できる」、「お風呂と着替えのときだけ、別室にしてほしい」など、具体的に伝えてください。

そうすれば、就寝のときだけ先生と同室にしてもらったり、個室のシャワーを使うことや着替えの部屋を用意してくれたりと、学校も工夫してくれるはずです。

chapter 4　学校・家庭生活編

3 ｜ セクシュアル・マイノリティだということが 親に知られた子どもが、家を出ていけといわれている

Ⓠ 高校2年生です。長男なのですが、小さい頃から、女の子が着るようなかわいい服が好きでした。父親は、男は強くなくてはいけないと考えている人です。春休み、仲のよい女子からセーラー服を借りて部屋で着ていたところを父親に見つかりました。思い切って男性であることに違和感があると伝えたのですが、父親は激怒し、「親子の縁を切る」、「高校も辞めて、家から出ていけ」といわれて困っています。

Ⓐ 親子の縁を切ることはできませんし、親には子どもを扶養する義務があります。自分だけでなく、別の大人と解決策を考えましょう。

「男は強くあるべき」という価値観

　一番理解してほしい大人だから話したのに、否定されてしまったのですね。悲しかったと思います。現在、セクシュアル・マイノリティは、社会に広く知られるようになりましたが、偏見や誤解は今もあります。「男は強くあるべき」などという価値観を強く持っている人もいます。お父さんには、「父親は家長として強くなければいけない」という考えがあるのかもしれません。「男は強くあるべき」という価値観が強いお父さんは、長男に「男らしさ」を期待していたのでしょう。でも実は、強く信じてきた価値観を揺さぶられ、本当は驚いて戸惑っているのかもしれません。ですが、「男は強くあるべき」という価値観があるので、自分

の気持ちを素直に見せられないだけとも考えられます。

　法律的には、親子の縁を切ることはできません。親には子どもを扶養する義務があります。18歳未満で、職業もなく生計を立てられない高校2年生のあなたを家から追い出すことは、児童虐待です。

大変かもしれないけれど、理解者を探してみる

　お父さんだって、そんなことはわかっているかもしれません。でもそうやって厳しく怒れば、あなたがいうことを聞いて、もとの「男らしい」あなたに戻ってくれるかもしれないと思って、そういったのかもしれません。お父さんにとってあなたは大切な子どもなので、セクシュアル・マイノリティについての理解が深まれば、最大の味方になってくれる可能性はあります。

　お父さんが無理ならば、お母さんや兄弟姉妹など、他の家族に話せそうな人はいないでしょうか。信頼できる学校の先生がいれば、相談してみてもよいです。セクシュアル・マイノリティの家族の相談に乗ってくれる団体もあります。理解してくれそうな人に話してみてください。

　それでも、もし、本当に自宅から追い出されたときやお父さんの暴言などに耐えられないという緊急事態には、警察、市区町村などの役所、児童相談所にあなたを保護してもらえます。こうした機関にいきなり相談しにくい場合には、担任や保健室などの先生に相談して、公的機関につなげてもらうこともできます。民間の団体としては、虐待を受けた子どもが寝泊まりできる、子どもシェルターがあります。各地方にある弁護士会には、子どものための専門相談窓口もあり、無料で相談できます。

　一緒に考えてくれる大人は必ずいます。ですから、自分だけで考えると同時に、相談できる気力があるうちに、頼れそうなところに頼ってみるとよいかもしれません。

> コラム

同性愛者であることを隠して生きて

夜風 光

周りの人と違う？

　自分のことを思い起こしてみると、中学生位の頃から、自分のことをおかしいな、変だなと思っていました。特に印象的に思い出すのは、中学校の保健の授業です。そのときの先生は、「思春期になれば、男の人は女の人を好きになり、女の人は男の人を好きになります」といっていました。授業を聞いていた私は、年頃になれば、当然に異性を好きになるものだと思っていました。

　しかし、私が常に目を惹かれるのは、クラスの男子たちに対してでした。サッカーで華麗なゴールを決める男子、文化祭で果敢にリーダーシップを取る男子。私にとって、素敵だなと思う対象は常に男子でした。周りにいる友達が、こぞって、どの女の子がかわいいだの、どの女の子がきれいだのと話すことに対して、私はどうにも乗り切れない思いを持っていました。

　私は、そんな自分はいつしか変だなと思うようになりました。周りの男子たちは、女子に触れてみたい、話してみたいという願望があるみたいですが、私にはそれが一向にないのです。むしろ、女性のことをかわいい・きれいだといっている男子に対してこそ、もっと仲よくなりたい、近づきたいという思いを抱くのでした。

　私はそんな自分に悩みはじめました。自分は変なのではないか、おかしいのではないか──。そんな思いが私の心にはずっと渦巻くようになりました。

自分はまさか同性愛者なのではないだろうか

　自分が高校生になっても、自分が周囲と違うという思いは拭い去ることはできませんでした。思春期は当に来ているはずなのに、一向に異性に対して目が向くことはありません。そんな自分を、いつしか「自分は同性愛者なのではないか」と思うようになりました。しかし、それを口に出すことは絶対にありません。私の周りにいる友達は、みんな口をそろえて、同性愛者などいないものとして思っているし、何よりも同性を好きになることなどありえないと思っています。何度、クラスメイトと話しているときに、「ホモって気持ち悪いよな〜」という話題が出たでしょう。そのたびに、まるで自分がクラスメイトから存在を否定されているような気持ちにさらされます。そのたびに、絶対にばれてはいけない、絶対に悟られてはいけない——。このように強く思うようになりました。

　私は、自分が同性愛者であると気づかれないように、どのような女性に惹かれるか、どのような女性芸能人にそそられるか、どのような女性がタイプであるのか、決まった回答を用意するようになりました。ついには、見もしないアダルトビデオの女優の名前まで押さえていました。誰に聞かれても、怪しまれないように、入念に準備をするのです。そして、クラスメイトが同性愛者のことを気持ち悪いというたびに、私はまるで自分のことではないように、「そうだよな〜。気持ち悪いよな〜」と話をあわせるのです。私にとって、自分が同性愛者であるということは、絶対にいってはならない秘密の１つでした。

初めての彼女

　自分が同性愛者であると疑うことができないと思いながらも、一方で、自分の心の中で、いつしか女性を好きになるのではないかという思いも捨て去ることができませんでした。東京都内の大学に入

ってから、私は女性に告白されたことを1つのきっかけに、ある女性とおつきあいすることとしました。自分は女性を知らないだけだ、きっとわからないだけだろう、こう自分に言い聞かせながら。

　私にとって、彼女とのデートは重いものでした。というのも、彼女は私のことをいわゆる（恋愛対象としての）「男性」として見てくるからです。私は彼女と数多くデートをしましたが、そのたびに、彼女の気持ちに応えられない自分をまざまざと突きつけられます。それならば、彼女と交際などしなければよいのに（そして、そんなことは自分でもわかっているのに）、彼女との交際を断ち切れません。もしそれを自ら断ち切ろうとでもするのならば、自分がゲイであることを認めてしまうことになる。こう思って、彼女とのデートは負担に感じ、デートのたびに、罪悪感に陥っているはずなのに、関係を断ち切ることができず、ダラダラと交際を続けていました。

　今思うと、本当に申し訳ないことをしたものです。

　けれども、その関係も結局は終わりを迎えます。1年近く交際した挙げ句、破綻を迎えました。

　それからの大学生活では、自分がゲイであるとわかりつつも、ゲイの人と会うこともできず、また、会うだけの勇気もなく、結局、何をどうするのかわからず、生きていました。自分の居場所がどこにあるのかわからず、自分の本音をさらけ出せないまま、うすっぺらい関係を築くばかりでした。誰を好きになるのか、たったこれだけが他の人と違うだけなのに、友人と一緒にいても、壁が間にあるようです。結局は、嘘をつくことばかりうまくなっていきました。

一歩前へ

　しかし、そんな私でも、勇気を出して、同じ境遇の人と連絡を取ろうと思い、インターネットでの出会いをきっかけに、勇気を振り絞って、ある同じゲイの人と会ってみました。

　そのときのことは、今でも忘れることができません。会う前は、

コラム ● 同性愛者であることを隠して生きて　　67

不安で、不安で、「変な人だったらどうしよう」、「こわい人だったらどうしよう」という思いが心の中で一杯でした。会うときに、貴重品などを一切持たずに待ちあわせに行ったことを思い出します。

　しかし、約束であらわれたその男性は、いたって「普通」の男性でした。どこにでもいるような、いたって誠実そうな男性です。いわゆる、テレビでいうステレオタイプの「ゲイ」ではなく、普通の男性が立っていたのです。私は時間を忘れて話しました。どういう生活を送ってきたか、友達はいるのか、人を好きになったことがあるのか、そして、恋愛の対象が同性に向くということを。

　自分が男性に対して恋愛感情を抱くこと、男性と近くにいたいと思ってしまうこと、誰にも話してこなかった自分の秘密。この秘密を当たり前に会話をすることができたのは、私にとってあまりにも衝撃的なことでした。

　私は、それ以降、少しずつ、前向きになれるようになりました。大学の友人とは相変わらず、表面的な関係しか築けませんでしたが、初めて出会ったゲイの友人を皮切りに、たくさんのゲイの人と会うことができました。一緒にお酒を飲み、一緒に映画に出かけ、一緒に時間を過ごす。今まで自分がどこにも居場所を見つけることができなかったのに、ついに自分がありのままの姿でいられる居場所を見つけることができたのです。

　前へ歩き出すということ

　今の私は、大学を卒業した後、仕事をしています。会社の人間には、自分がゲイであることは話していません。同期との会話も結局は、話をあわせるだけになってしまっています。20代後半になって、思いのほか、周囲の人間が結婚を意識するようになって、結婚を視野に入れた同期とは、人生観が違うことをまざまざと感じています。

　けれども、今の私には、仲間がいます。今の自分には居場所があります。自分がゲイであることを堂々とはまだいえないけれど、自

分がありのままでいられる居場所があるのです。

　ここ数年で、セクシュアル・マイノリティをめぐる状況は大きく変わったといってよいでしょう。けれども、まだまだ私は、自分がゲイであることを「何気なく」同僚に、上司に、そして親に話すことはできません。世の中が変わったと思うのは、テレビの中だけです。

　けれども、歩みは遅くても、時代は前へ進んでいると思いますし、何よりも、自分も少しずつではありますが、前へ歩き出すことができています。

　いつか、周囲に堂々と話すことができる世の中に、日本もなることを願ってやみません。

chapter 5　日常生活編

1 ｜ 本来の性別のトイレを使ってもよい？

Q 私は自分では女性だと思っていますが、法律上は男性です。日常生活でも、本来の性別通りに過ごしたいのですが、外出時にいつも大きな悩みを抱えています。それは、トイレのことです。今は、多目的トイレを使うか我慢するかなのですが、どうしようもないときは、女子トイレに入っても大丈夫でしょうか。

A 思わぬ誤解やトラブルが起こるかもしれないので、使う場面を考えた事前の対策や、周りの人の理解を求めることが大切です。

トイレで困ること

　トイレの問題は健康にかかわりますし、我慢することもあるというのは大変なことだと思います。

　私たちが暮らす社会では、男女別にわけられているものがたくさんあります。トイレもその１つですね。文部科学省は、性同一性障害の子どもたちに教職員用トイレや多目的トイレの利用を認めるなど適切な対応をするようにいっています。

　確かに、男女別のトイレが使いづらい場合、男女兼用のトイレや多目的トイレが利用できると助かると思います。しかしながら、多目的トイレの利用者として性同一性障害者などのトランスジェンダーが想定されているとはまだまだいいがたいですし、男女兼用や多目的のトイレがないこともあるでしょう。また、そもそも、せめてやむをえないとき位は、本来の性別のトイレに入りたいと思うのも当然のことだと思います。

70　　2 ● セクシュアル・マイノリティの暮らし

本来の性別用のトイレを使う場合

　もちろん、法律上の性別を女性に変更していれば、女子トイレを法律上何も問題なく使うことができます。しかしながら、法律上の性別を変更するには、手術の必要があり、お金も時間もかかります。誰にでもできることでも、したいことでもありません。あなたも性別の取り扱いの変更をしていないということでしたね。

　本来の性別用のトイレである女子トイレを使った場合ですが、他の利用者の中には、残念ながら、あなたのように、法律上の性別と本来の性別が違っている人がいるということをよく理解していない人がいるかもしれませんし、本来は女性だとあなたが思っていることを知らず女子トイレを利用するのはおかしいと思う人がいるかもしれません。

　そうすると、痴漢やのぞきなどの目的で、女子トイレに入ったと勘違いされ、通報されるという困ったことになるかもしれません。

　法律上の性別が男性である人が女子トイレに入ることが問題になるのは、性暴力や盗撮などの目的のために女子トイレに侵入する人が、残念ながらいるためです。あなたのように本来の性別が女性である法律上の男性は何も悪くないのに、このような人の巻き添えになってしまっています。

　この点、学校や職場のトイレではなく、公衆トイレのような誰でも使ってよいトイレであってでも、トイレを管理する人の意思としては、女子トイレに男性が入ることは認めていませんから、トランスジェンダーでない法律上の性別が男性である人が女子トイレに入れば、建造物侵入罪になります。トランスジェンダーの場合にこの犯罪が成立するかどうか簡単にはいいづらいのですが、裁判となって有罪となるかどうかは別として、実際問題として、犯罪として疑われ、警察官がトランスジェンダーについて理解がないと、逮捕されてしまう可能性もあります。

　しかし、女子トイレに、トランスジェンダーでない法律上の性別が男

性である人が入ったとしても、掃除のためなど正当な理由がある場合には、違法でないとされることもあります。もしあなたが女子トイレに入ったことで通報されてしまった場合には、本来の性別は女性だと思っていることを説明し、正当な理由があることを主張しましょう。性同一性障害と診断されていたり、ホルモン治療をしていたりする場合は、そのことも役に立つかもしれません。ただ、本来の性別が女性であるのに法律上の性別が男性である人が女子トイレに立ち入った場合の裁判所の判断で、公になっているものはないようです。実際に、どのような場合にどう判断されるかはとても難しい問題です。女性だと思われにくい状態であるなど通報される危険があると思われる場合は、残念ですが、女子トイレの利用は避けた方が無難なように思います。

なお、逮捕されてしまった場合は、「当番弁護士」といって弁護士が１回無料で逮捕された人に面会に行く制度がありますので、警察官に対して当番弁護士を呼ぶようにいってください。

また、公衆トイレとは違って、学校や職場など、あなたの知りあいが多い場所ではどうすればよいでしょうか。特に、もともと男性として働いていたけれども女子トイレを使いたい場合、問題になると思います。このような場合、いきなり女子トイレを使い出すと混乱が生じてしまうことが多いでしょう。最初の文部科学省の例のように、少しずつではあっても、着実に理解は広まっていますので、信頼できる先生、上司、同僚などに、あなたの気持ちを伝えることが第一歩だと思います。そして、相談を受けた側も、たかがトイレではなく、まずは丁寧に話を聴くことが大切です。

誰もが使うトイレの問題を考えることは、その人自身を尊重することにもつながります。誤解をうまく解けない場合や調整することが難しい場合には、弁護士が間に入り、あなたの気持ちや状況を伝えて話しあってもらうという手段もあります。

chapter 5　日常生活編

2 ｜ 心の性別は女性なので、女性限定のサービスを受けられる？

Ⓠ 私は、戸籍上の性別は男性ですが、子どもの頃から自分の性別に違和感がありました。私は、自分が女性だと思っています。最近、性同一性障害であるとの診断も受けました。１つ思うのですが、世の中にはレディースデーやレディースプランなど、女性限定のサービスがたくさんあります。値段が安くなったり特典を受けられたりと、非常に魅力的です。そのサービスを、私も受けることはできるのでしょうか。

Ⓐ サービスを受けられる場合もありますが、それを提供する店の考え方によっては受けられない場合や、交渉が必要な場合もあるでしょう。

店もお客さんを選べるが、限界もある

　女性限定のサービスといえば、映画館のレディースデーや飲食店のレディースプランなどが思い浮かびます。これらは、サービスを受ける際（店に行ったとき）に、女性限定のサービスを受けたいと伝える場合がほとんどだと思います。この場合、「レディース○○」としつつも、実際は女性に限定せずにサービス提供を行うところもありますが、原則女性限定でサービスを提供している店は、身分証明書を確認する訳ではなく、まずは外見で女性であるかを判断していますね。外見から女性ではないのではないかと店が思った場合に、その女性限定サービスを店が断ることは許されるでしょうか。

あなたの心の性別は女性なのですから、女性が受けられるサービスを受けたいと思うのは当然だと思います。また、あなたが女性である以上、店や施設側も女性限定のサービスを提供すべきだとも思います。

他方で、「契約自由の原則」があり、どんな人にどんなサービス提供をするかどうかの自由が、店や施設側にもあります。女性だからといって、すべての女性からの申し入れに対してサービスを提供しなければいけない義務まで店や施設側にあるとはいえません。

もっとも、契約自由の原則があるからといって、明らかに差別的な理由でサービスの提供を断ることは、場合によっては違法だと評価される場合もまったくない訳ではありません。過去には、外国人の利用を断った公衆浴場の扱いが違法だとされたケースもあります（国籍を確認しているのではなく外見で判断していたことが、トランスジェンダーの場合と背景が共通しています）。提供されるサービスの性質や、女性に限定する理由、断り方など、いろんな事情をもとに判断することになるでしょう。

性同一性障害の理解が広がる社会に

契約自由の原則からすれば、まずは、あなたの心の性別が女性であること、性同一性障害の診断を受けていることを、店や施設側に説明して交渉してみるのがよいと思います。

ただ、あなたとしては、もし女性限定のサービスを一度断られてしまっていたら、それ以上話すのも嫌だから別のサービスを探そう、仮にもう一度断られたらどうしよう、という気持ちだろうと思います。また、他のお客さんもいる中で、自分の状況について説明をするのは、勇気がいることですし、難しい場合もあるでしょう。

そのようなときは、その店や施設ではなく、電話やメールなどで店や施設を運営している企業に問いあわせてもよいかもしれません。問いあわせをすることで、女性限定のサービスの提供のあり方を考えるきっか

けをもたらすことにつながります。

　法律上の性別の取り扱いを変えるためには、性別適合手術が必要なので、非常にハードルが高くなってしまいます。しかし、法律上の性別にかかわらず、民間のサービスでは、自分本来の性別としてお客さんを大切にする企業や店も増えてきています。女性限定サービスで性同一性障害者を排除するような企業や店よりも、性が多様だということを大切にし、1人ひとりを大切にする企業や店の方が、よい印象をもたらし、利用者や顧客が増えて発展する、そういう社会をみんなで作っていきたいものです。

chapter 5　日常生活編

3 ｜ 戸籍上の名前を変更することはできる？

Ⓠ 私は、法律上の性別は男性ですが、そのことに違和感を持っています。戸籍上の名前は健太郎なので、実名を書かざるをえないとき、そのたびに「お前は男なんだ」といわれているみたいに感じてしまいます。名前を変えることはできるでしょうか。

Ⓐ 「正当な事由」があれば、名前を変えられます。15歳以上ならば、1人で名前を変える手続をすることができます。

「正当な事由」とは

　下の名前が簡単に変えられると社会が混乱してしまいます。そこで家庭裁判所は、「正当な事由」がある場合に限って、名前の変更を認めています。

　「正当な事由」とは、名前の変更をしないとその人の社会生活に支障や問題が生じる場合をいい、単なる個人的趣味、感情、信仰上の希望などのみではできないとされています。

　たとえば、「正当な事由」としては、戸籍上の名前を使うととてもつらいこと、性同一性障害との診断を受け、医師から改名が必要だといわれたこと、変更後の名前を、仕事や業務、友人関係・郵便物の宛名などの普段の日常生活などで使っていて社会的に定着していること、などが考えられるでしょう。家庭裁判所においては、どのようにつらいのか、私生活にどのような影響があるかなど（ひどく気分が悪くなる、不登校になった、など）を説明することが必要です。

反対に、名前の変更を認めては学校や職場に混乱が生じるおそれがあるなどといわれることがありますが、結婚している場合や、学校の先生である場合（生徒・保護者・同僚などとの間で混乱があるかもしれません）でも、名前の変更が認められている例もあるので、名前の変更を認めても混乱が生じないことを、家庭裁判所に説明することが重要です。

性同一性障害者特例法との関係

　「正当な事由」は、近所に同姓同名の人がいて、郵便物が長期間誤って配達されるというケースにも認められる可能性があります。したがって、性同一性障害者特例法に基づく性別の変更をしていない場合でも、戸籍上の名前を使うことに社会生活上、問題があれば、「正当な事由」が認められる可能性はあります。実際に、性別の変更をしていなくても名前の変更が認められています。

変更手続の方法

　名前の変更の申立書を提出する先は、あなた（申立人）の住所を管轄する家庭裁判所になります。

　必要なものの1つ目は、収入印紙です。郵便局で購入できます。2つ目は、連絡用の郵便切手です。3つ目は、申立書を作成しなければなりません。書式は家庭裁判所でもらえますし、インターネットからダウンロードできる場合もあります。4つ目は、あなたの戸籍謄本です。全部事項証明書を市区町村の役所や行政サービスセンターなどで取り寄せましょう。5つ目は、「正当な事由」を証明する資料（診断書や通称名が宛名となっているハガキなど）です。最後に6つ目として、家庭裁判所から追加書類の提出をお願いされることがあります。

　なお、あなたが15歳以上であれば、あなた1人で申立書を作れますが、

chapter 5 ● 日常生活編　　77

15歳未満だと法定代理人（親など）が申立書を作る必要があります。ですので、あなたが15歳未満の場合、親が名前の変更に賛成しているのであれば申立書を用意できますが、反対している場合は、15歳の誕生日を待つ必要があります。

　申立書を提出すると、場合によっては、さらに書類の提出を求められたり、家庭裁判所に来るようにいわれたりすることもあります。その上で、家庭裁判所が名前の変更を許可するかどうかを判断します。

　家庭裁判所から許可が出たら、その審判書謄本などを本籍地か住所地の市区町村の役所に届け出ます。ここで名前の変更がされます。仮に、許可が出なくても、通称名で暮らすことはできますし、「正当な事由」が増えれば、再び家庭裁判所に名前の変更を申し立てることもできます。

chapter 5　日常生活編

4　性別の取り扱いの変更の条件と手続は
どうなっている？　性別の取り扱いの変更が
認められたらどうなる？

Q　私は、法律上の性別は男性ですが、心の性別は女性です。これ
からは、心の性別通りに女性として生きていきたいと考えてい
ます。私のように、体の性別に違和感があれば、誰でも法律上
の性別を変えることはできるのでしょうか。また、そのために
は、どのような手続が必要になりますか。もし、法律上の性別
を変えることができたら、日常生活には具体的にどのような影
響があるのでしょうか。

A　変更には、家庭裁判所へ申立を行います。ただし、性同一性障
害者特例法の条件を満たす必要があります。法律上の性別が変
わると、法律上も変更後の性別で暮らせます。

法律上の性別を変更する方法

　トランスジェンダーの当事者が、法律上の性別を変更するには、住ん
でいる場所を管轄する家庭裁判所に審判を申し立てます。
　家庭裁判所で法律上の性別の変更が認められるためには、次の６つの
条件にあてはまる必要があります。それらは、①性同一性障害について
の知識と診断の経験のある２人以上の医師から、性同一性障害であると
いう診断をえていること、②生殖腺がないこと、または生殖腺の機能を
永続的に欠く状態にあること、③望みの性の性器に近似する性器がある
こと、④20歳以上であること、⑤現在結婚していないこと、⑥現在未成

年の子がいないこと、です。

①、②、③を証明するためには、2名以上の医師による診断書の提出が、④、⑤、⑥を証明するためには、生まれてから現在までの戸籍謄本の提出が、それぞれ必要です。診断書には、生活歴、心の性別と見た目の性別が一致している状況、心の性別で実生活を送っている状況などが、記載されます。

申立後、事情説明書という詳しい資料の提出が求められることがあります。また、家庭裁判所の審問という手続で、具体的な事情について質問されることもあります。審問は非公開なので、他の人が傍聴することはできません。

なお、申立が認められた件数は2014年度で813件と、10年前の2004年度の97件から増えつづけています。

法律上の性別が変わるとどうなるか

性別の取り扱いの変更が認められると、社会のあらゆる場面で、変更後の性別、自分本来の性別で暮らしていくことができます。健康保険証、年金手帳、パスポートなどの公的な書類に自分本来の性別を書けるようになります。また、変更後の性別になることで、その性別を基準に結婚もできます。

この点、性別の取り扱いの変更をしたのにもかかわらず、性同一性障害者であることを理由に差別的な取り扱いがされる問題が生じることもあります。男性が、結婚した女性との間で、第三者から精子提供を受けて人工授精で子をもうけた場合には、その男性が子どもの父親になるのですが、性別変更をしたFtMの場合に、性同一性障害であることを理由に父親として役所が認めないということがありました。そのケースでは、最高裁判所が、性同一性障害であって子どもと血がつながっていないことが明らかでも、法律上の父親であることを認める決定を2013年12

月にしました。最高裁判所は、性別の取り扱いの変更の審判を受けた人は、性同一性障害者特例法通り、変更後の性別になったものとして扱わなくてはいけない、それは子どもとの関係の場面でも同じだ、としたのです（chapter 8−12を参照）。

　これは、性別の取り扱いの変更によって、心の性別通りの社会生活ができるようになるだけでなく、心の性別が人の基本的で重要な要素にあたるとして、法律上も社会生活上も、適切に認められるべきものであることを意味しています。

トランスジェンダー当事者はさまざま

　もっとも、トランスジェンダーと一言でいっても、すべての当事者が、法律上の性別を変更することを望む訳ではありません。性同一性障害者特例法の条件は厳しいため、この条件のもとで性別を変更することを望まないトランスジェンダー、あるいは条件をクリアできず性別変更を望んでもそれができないトランスジェンダーなど、さまざまなトランスジェンダーがいるのです。トランスジェンダーと一括りに考えるのではなく、当事者1人ひとりの思いや生き方を大切にすることが重要です。

chapter 5 ● 日常生活編　　81

chapter 5　日常生活編

5 | 生活保護を受けていても、ホルモン治療や性別適合手術はできる？

Q 私は昔から自分の性別に違和感があり、自分は性同一性障害なのではないかと思っています。今は戸籍の性別も変更できるようになったので、できればそうしたいです。ただ、私は現在無職で、生活保護を受けて生活をしているため、お金がありません。生活保護を受けている私が、何らかの形で性同一性障害の治療を受けることはできるのでしょうか。

A 精神科や心療内科への通院は、自己負担なしでできます。ただし、ホルモン治療や性別適合手術を生活保護法の医療扶助で受けることは、現時点では困難です。

生活保護法の医療扶助とは

　今まで国民健康保険を使って病院にかかっていた人が、生活保護を受けることになると、国民健康保険から抜けなければいけません。国民健康保険は使えませんが、その代わりに医療扶助を受けることで、お金を払わずに、病院に通ったり薬を処方してもらったりすることができます。

　ただし、医療扶助を使えば、お金を払わずに美容整形ができる訳ではありません。なぜなら、生活保護は、最低限度の生活を提供するものだからです。つまり、医療扶助で受けられる医療は、生活保護を受けていない他の人と同じように、国民健康保険を使って受けられる医療に限られます。美容整形がダメな理由は、この点にあります。

　性同一性障害の治療には、大きくわけて、精神科や心療内科での性同

一性障害の診断と治療、ホルモン療法、性別適合手術などの手術療法、の３つがあります。ここからは、それぞれの治療を医療扶助を使ってお金を払わずに受けられるかを見ていきます。

精神科や心療内科への通院

自分は性同一性障害かもしれないと思っている人の多くは、まず精神科や心療内科に通うことになるでしょう。そこで、性同一性障害の診断を受けたり、心の性別と体の性別が食い違うことから生まれる苦しみやストレスを和らげるためのカウンセリングを受けたりします。

性同一性障害であるという診断は、２人の専門医の意見が一致しなければいけません。主治医の意見をファーストオピニオンといい、もう１人の専門医の意見をセカンドオピニオンといいます。

主治医への通院は、医療扶助でお金を払わずにできます。しかし、福祉事務所は、セカンドオピニオンをえるための通院について、医療扶助を認めないことが多いです。

セカンドオピニオンをえるための通院に医療扶助を認めないのがよいかどうか、裁判で争われたことがあります。ただ、この裁判は白黒がはっきりつかずに終わりました。その理由は、生活保護の医療扶助以外の方法で、セカンドオピニオンをえるための通院ができることが、裁判を通じてわかったからです。その方法は、障害者総合支援法の中で決められている自立支援医療という制度を利用する方法です。これを利用することで、都道府県などから、収入に応じた医療費の支給を受けられます。生活保護の場合は、自己負担額がありません。

ホルモン療法

ホルモン療法とは、MtFにはエストロゲン製剤（女性ホルモン）などを、

FtMにはアンドロゲン製剤（男性ホルモン）を投与することで、体の性別の特徴を抑えて、心の性別の特徴を増やす治療をいいます。心の性別と同じホルモンを体内に入れることで、体毛が薄くまたは濃くなったり、生理がとまったり、胸が大きくなったりするなどの変化が見られます。

　それでは、医療扶助でお金を払わずに、性同一性障害のホルモン療法を受けることができるでしょうか。残念ながら、現在はできません。その理由は、ホルモン療法は国民健康保険の範囲外だからです。

　ただし、ホルモン療法がすべて国民健康保険の対象ではない訳ではありません。たとえば、女性の更年期症状や骨粗しょう症などに対して、エストロゲン製剤を投与する場合には、国民健康保険が適用されます。

　なぜ性同一性障害のホルモン療法が、国民健康保険の範囲外なのでしょうか。この疑問に対して、国は、医薬品医療機器法上、ホルモン剤が性同一性障害に対する治療薬として効能がないからだとしています。つまり、医薬品医療機器法という法律の壁があるのです。

手術療法

　ホルモン療法をしても、体の性別と心の性別が一致しないことの悩みがなくならず、少しでも体の性別を心の性別に近づけるために、外科手術を望む性同一性障害の当事者がいます。この手術には、卵巣や精巣を切って取り除いたり、外にあらわれている性器の形を心の性別に近づけたりする性別適合手術と、胸を切ったり、逆に胸を大きくしたりする外見の手術の2つにわけられます。

　性別適合手術などの手術も、医療扶助を使って受けることはできません。それは、ホルモン療法と同じく、国民健康保険の範囲外だからです。その理由を国は、他の療法による治療が十分に行われたにもかかわらず、治療の効果に限界があるなどの治療上やむをえない症例であるかどうか、手術のやり方が適切かどうか、医療機関の倫理委員会の承認があるかど

うかなどを考慮して、個別に判断する必要があるとしています。

　ここから考えると、性別適合手術などの手術が国民健康保険の対象になる可能性がありそうですが、一般的には国民健康保険の範囲外とされています。

　性同一性障害の当事者団体が、国に対して、ホルモン療法や性別適合手術なども国民健康保険の範囲に含めるように要望を出していますが、まだその要望は叶っていません。

経済的負担は非常に大きい

　ここまでの通り、ホルモン療法と手術療法は、国民健康保険の範囲外のため、医療扶助によってお金を払わずに受けることはできません。

　ホルモン療法の1回の費用は数千円であるため、節約して家計をやり繰りすれば、生活保護のお金でも何とか受けられるかもしれません。ただし、ホルモン療法は一度はじめると生涯続ける必要があるため、その経済的負担は大きいです。また、性別適合手術などの手術の費用は100万円以上かかります。このように、生活保護を受けている人が、ホルモン療法をずっと受けつづけたり、性別適合手術などを受けたりすることは、費用の面でとても難しいです。戸籍上の性別の変更を望んでいたとしても、生活保護を受けていたら、今のままではいつまでも変更できません。しかし、このような現状は早いうちに改善されるべきです。

chapter 5　日常生活編

6 | 性別の取り扱いの変更をしない／できない人の各種証明書には、どういう配慮が必要になる？

Ⓠ 男性の体で生まれたのですが、心の性別は女性であり、女性として生活しています。戸籍上の性別を変更したいと思っていますが、性別適合手術の費用が高いので、受けることができません。先日、風邪をひいて病院に行ったところ、健康保険証の性別欄に「男」という記載があるため、病院の受付で別人ではないかと疑われ、嫌な思いをしました。今後も不快な思いをすることを考えると、もう病院には行きたくありません。どうしたらよいでしょうか。

Ⓐ 健康保険証では、性別を表面に記載しない方法が認められています。健康保険組合などに、配慮してほしいことを伝えて、あなたが病院に行きやすくなるようにすることができます。

性別変更の難しさ

　戸籍上の性別の変更を認めてもらうためには、手術によって、望む性別のものと似た外性器にしたり、生殖腺の機能を欠くようにしたりする必要があります（こういった手術を「性別適合手術」といいます）（chapter 2 − 4、chapter 5 − 4 を参照）。

　しかし、性別適合手術は、経済的な負担が大きく、誰でもすぐに受けることができる手術ではありません。また、肉体的な負担もあるため、あえて手術は受けないという選択をすることもあるでしょうし、手術の必要がそもそもないと思う人もいるでしょう。このように、実際にはさ

86　　2 ● セクシュアル・マイノリティの暮らし

まざまな事情から、戸籍上の性別の変更ができない、または、変更をしていない人たちが、相当数いると思われます。

たとえば、心の性別は女性だけれども、男性の体で生まれ、戸籍上の性別（男性）は変えずに、心の性別（女性）で暮らしたいという希望を持っている人がいたとします。日常的には、心の性別である女性として生活しているのに、パスポートや健康保険証などの公的証明書には、「男」（戸籍上の性別）と書かれてしまっています。

そのため、書類上の性別の記載と見た目が違うという理由から、海外旅行でパスポートを提示したときに、別人ではないかと疑われ、入国審査に時間がかかることがあります。また、病院を受診して、受付で健康保険証を提示したときに、けげんな目で見られて嫌な思いをすることもあるかもしれません。

戸籍上の性別の変更ができない、または、変更をしていない人たちは、さまざまな公的証明書に性別欄の記載があることで、耐えがたい苦痛を感じることがあるのです。

進みはじめた配慮

そこで、このような当事者の希望を尊重し、現在はさまざまな公的証明書で、性別の記載に関する配慮がなされるようになっています。

たとえば、精神障害者保健福祉手帳には、かつては性別の記載欄がありました。この手帳は、一定程度の精神障害の状態にある人の生活を支援するためのもので、公共料金などの割引、税金の減額・免除、障害年金の支給などのさまざまなサービスを受けることができます。このようなサービスを受ける際に、わざわざ性別による区別をする必要はありません。ですので、法改正によって、現在は性別の記載欄が削除されています。

同じように、印鑑登録証明書や投票所の入場券など、性別による区別

chapter 5 ● 日常生活編　　87

が必要ない書類については、多くの地方自治体で性別の記載をなくす取り組みが進んでいます。

　また、運転免許証には、そもそも性別の記載がありません。

　他方で、医療の現場などでは、男女の体の構造の違いによって治療方法などが変わることもあるため、体の性別を把握しておく必要もあります。そのため、健康保険証では、性別の記載を完全になくすことはできなくても、性別を表面には記載しない方法を取ることで、性別を記載されたくない当事者の心情に配慮した工夫をすることが認められていますので、市町村（国民健康保険の場合）や健康保険組合（社会保険の場合）などに配慮を求めてください。この場合、健康保険証の裏面の備考欄などに、戸籍上の性別を書いておくことになり、医療上の必要が生じれば、病院も健康保険証の裏面を確認することで、簡単に患者の体の性別を把握することができます。

　現在、戸籍や住民票では、性別を削除した形で文書を交付してもらうことが認められていません。そのため、心の性別と戸籍上の性別が異なる人たちは、就職や転職のときに差別を受けたり、住居を借りるときに断られたりすることも、残念ながらあります。性別の記載に関する配慮がせっかく進められてきているのに、2016年から発行されているマイナンバーカードの表面に性別の記載があることは、残念なことです。

　また、学生証に性別欄があるため、トランスジェンダーであることが周囲に知られてしまうのではないかとおそれて、悩んでいる子どもたちもいます。

　依然として、性別の記載によるセクシュアル・マイノリティの苦痛は、完全にはなくなっていません。社会生活においては、体の性別を把握しておくことが求められる場面もありますが、公的証明書に性別の記載がどうしても必要でない場合には、できる限り、嫌な思いをする人が減るよう配慮することが望まれます。

　健康保険証の表面の性別の記載をなくすことができるようになったの

は、当事者が長年要望を続けたことがきっかけでした。大変なことではありますが、要望を伝えつづけることで変えることができる、ということは知っておいてほしいと思います。

男と女以外の「性別」

日本ではまだ認められていませんが、オーストラリアでは、パスポートに、「男（M）」と「女（F）」という性別の他に、「X」という選択肢が作られています。これは、政府が当事者の声を受けて、新しく導入したものです。男と女のどちらかにわけられたくない人の心理的な負担を減らす上では、新しい取り組みともいえます。

性のあり方は多様であるため、なるべく1人ひとりの気持ちを理解し、制度に反映させることは不可欠です。当事者の声を大切にしながら、誰もが生きやすい社会を目指していくことが必要です。

chapter 5　日常生活編

7 ｜ 公的な書類が必要ないアンケートなどで、性別を心の性別通りに書いてもよい？

Ⓠ 性別の取り扱いの変更をしていないトランスジェンダーです。商品の感想などのアンケートで、性別欄に自分の心の性別通りに丸をつけたら、何か法的に問題になったりするのでしょうか。

Ⓐ 体の性別ではなく、心の性別の通りに答えて法的に問題はありません。

日常で性別を聞かれる場面が多い

日々の生活で、自分の性別を聞かれる場面は多くあります。口頭で答えるのと違い、書面という形で答える場合、書面は残るものですので、気になりますよね。

まず、体の性別と心の性別が違う場合、性同一性障害者特例法に基づく性別の取り扱いの変更の審判を経て、性別を変えることができます。しかし、性別表記の変更の許可をえるためには、見た目の手術をしなければならないなど、さまざまな困難が伴い、実際に戸籍上の性別の変更にいたっていない人もたくさんいます（chapter 2 − 4、chapter 5 − 4 を参照）。

性別の取り扱いの変更は行っていなくても、体の性別と心の性別の違和感に悩んでいる当事者にとっては、日常的に聞かれる性別への答え方は、とても悩ましいものです。

90　2 ● セクシュアル・マイノリティの暮らし

文書を「偽造」したことにはならない

　文書偽造罪というのは、その文書を実際に作った人と、その文書の名義になっている人が違っているときに、問われるものです。性別がどうであっても、あなたが作って、あなたの名前が書いてあるなら、文書偽造罪にはなりません（公文書は、文書の中身が嘘という場合にも偽造罪が成り立ちますが、公文書偽造が問題となる場合はほとんどないはずです）。ただ、役所に提出する文書だと、役所に受理してもらえなかったり、後で訂正を求められたりするでしょう。また、企業などとの契約で、性別が問題となって、トラブルになることもあるかもしれません（chapter 7－1を参照）。

　しかし、契約などとは違い、こうしたアンケートが求めているのは、企業などが、顧客や消費者がどのような行動や考えを持つかという統計を集めて事業に活かすためのものですから、戸籍上の性別というよりも、心の性別に基づいた行動・考えを聞いているものです。また、契約と違って、法律上の権利義務が発生するものでもありません。

　ですので、アンケートに戸籍上の性別とは違う心の性別を記載したとしても、法律的には問題ありません。心の性別の通りに書いて大丈夫です。

コラム

透明人間からリアルな存在へ

池田 清美

物心ついたときから

　自分が「女ではない」ということを明確に認識したのは中学生に
なってからのことでしたが、漠然とした「自分は男である」という
認識ならば、物心のついた幼稚園の頃から持っていました。

　カメラを向けられれば決まってファイティングポーズを取り、ス
カートをはくことを頑なに拒否し、ガンダムのプラモデルが好きで、
将来の夢はキックボクサー……私はそんな幼稚園児でした。

　ただ、小学校低学年の頃までは、男女の区別はあれども、あまり
「性」というものを意識せずに生きていられたこともあり、幸いに
して私は「トランスジェンダー」であることに悩まされずにすみま
した。

　トランスジェンダーに付随する問題が生じてきたのは、小学6年
生のときに女の子を好きになってから以降のことです。

　ある女の子から、「男なら好き」という悩ましい単語を何度かぶ
つけられた私は、その人のことが気になりはじめ、ついには好きに
なってしまったのです。

　ただ、いかんせん女子の制服に身を包んだ私には叶わぬ恋である
と思っていたので、自らが「トランスジェンダー」であるというこ
とも、彼女が好きだという私の気持ちも、誰にも打ち明けることな
く、私はその人に対して気のない素振りを繰り返すという行為を取
りつづけてしまった結果、その恋は実ることはありませんでした。

そして、ついぞ誰にもカミングアウトできなかった私は、暗く孤独な青春時代を過ごすことになったのです。

所属できないということ

「男」と「女」の問題に悩まされる私のような人間にとっては、組織や集団に必ずといっていいほど存在する男女の区分は、組織などにいることを苦痛にさせる悩ましいカテゴリゼーションだと思っています。

とはいえ、誤解されやすいのですが、私は男女二元論や分類自体が嫌なのではなく、自認している性別に分類されないことがままあることが悩みの種なのです。

たまに、トランスジェンダーを「第3の性」や「中間の性」などとする表記を見かけることがあるのですが、少なくとも私はミスリーディングだと感じています。というのも、トランスジェンダーは自認する性別と身体の性別に不一致がある状態ではあるのですが、自分の性別を「第3の性」や「中間の性」だと思っている訳ではないからです（そう思っている当事者の方もいらっしゃるかもしれませんが）。

ドラマ「3年B組金八先生」の第6シリーズで、FtMトランスジェンダーである鶴本直という生徒が、「男でも女でもなくグレーがあってもいい」というようなセリフをいうシーンがあるのですが、FtMトランスジェンダーである彼がそれをいうことに、私はどうにも違和感を覚えました。

もちろん、「グレーがあってもいい」のはその通りだとは思います。しかし、私がなぜFtMトランスジェンダーなのかというと、あくまで、自分が男であるということに私自身がこだわっているからで、私は「男でも女でもないグレー」でありたい訳ではないのです。だから、もし私が鶴本君だったら、「グレー」については、自分のこととしては言及しないだろうと思うのですよね。

コラム ● 透明人間からリアルな存在へ　　93

似たような話で、「どこでもトイレ」（セクシュアリティに関係なく利用できるトイレ）を作ろうという意見を最近ちらほら見かけ、それ自体は好ましいことだとは思いつつも、一方で、「男性トイレ」と「女性トイレ」に加えて、「誰でもトイレ」が同じ区画に作られたとしたら、私はできれば「誰でもトイレ」には入りたくないという気持ちがあります。すべてのトイレが「誰でもトイレ」ならともかく、「男性トイレ」が別にあるならば、あくまでも私は「男性トイレ」に入りたいからです。

越えられない壁がある

　ただ、当事者にとって、トイレ以上に利用することが困難なのが、共用の更衣室や温泉などです。

　ホルモン投与や性別適合手術を経た当事者であればともかく、それらの措置を受けていない当事者の場合には、どうしても生まれ持った身体が邪魔をするため、自認している性別の更衣室や温泉に入ることは困難をきわめます。そのため、人生が相当程度制限されているといっても過言ではないでしょう。

　FtM トランスジェンダーといっても、いろいろな人がいるので、みんながみんなそうではないと思いますが、マッチョになりたい人は比較的多いでしょうし、私も例にもれず、昔からずっとマッチョになりたい願望を強く抱いています。

　男性ホルモンの投与を受けて、筋力トレーニングに注力すれば、マッチョになる途は開かれるでしょうが、ホルモン投与には副作用というリスクがあります。ですから、このリスクを是としなければ生まれ持った身体で挑戦するしかありません。

　では、男性ホルモンを利用せずに、女性の身体を男性並みのマッチョにするには、どうすればよいでしょうか。

　練習方法も素人レベルで、不十分な器具しかない状況で、１人で

チマチマやったとしても、その効果はたかが知れているでしょうから、ボディビルダーのようになるには、一般的にはジムに行く位しか方法がない訳です。

しかし、更衣室やシャワー、会員登録の性別は、生まれ持った身体の性別で処遇されてしまうので、それは嫌だとなればジムにも行けません。

結局のところ、哀しいかな、マッチョへの途はほど遠いのです。

トランスジェンダーに生まれて

最後に、トランスジェンダー人生で浮上する問題である恋愛と仕事についても触れておきたいと思います。

FtMトランスジェンダーといっても、同性愛の人もいるし、異性愛の人もいますが、数としては多いだろう異性愛のケースについてお話すると、FtMトランスジェンダーの想定マジョリティが好きになるのは大抵女性なので、生まれつき男性の身体を持った男性がライバルの大多数ということになります。

ところが、戸籍訂正をしていないFtMトランスジェンダーは、結婚することができませんし、子どもも作れないので、お断りされることがままあります。

就職活動にしても同じような話で、「トランスジェンダーかぁ……面倒な人材だなぁ」と思われれば、不採用になるでしょう。

ですから、女性や就職先への「求愛」を成功させるには、人並み以上の努力が必要だろうと思っています（もちろん、相性というものもありますが）。

このような事実上のデメリットや先に述べた人生における制限がある生きづらさ、身体と心の不一致それ自体の苦痛を考えると、私は、トランスジェンダーに生まれてよかったと思ったことは一度もないし、もし生まれ変わるなら二度とトランスジェンダーにだけは

コラム ● 透明人間からリアルな存在へ　　95

なりたくありませんが、1つだけ、この特徴が意味を成したとすれば、負けず嫌いな私が努力をする火種を作ったということです。

　私はもともと、幼稚園の頃の夢がキックボクサーという血気盛んな体育会系だったので、勉強するよりも、空手やボクシングなどの格闘技をやりたかったのですが、他の男と同じ努力をしたとしても私の身体に限界があるのは明らかでしたから、「だったら勉強をしよう」と思い立ち、何だかんだで今にいたります。

　勉強に費やした努力はそれなりに今の自分に役に立っているし、自己承認の土台にはなっていると思います。

　どんな状況であれ、人生と自分にあきらめずに向きあい、努力をすれば、いつか花が咲くこともあるのは、トランスジェンダーであろうがなかろうが同じだと思います。ただ、人生と自分に向きあう一歩を踏み出すキッカケに遭遇したり、そのためのエネルギーを貯めるまで、人よりも時間がかかるかもしれません。でも、きっと努力に花が咲くときは来るはずです。今、思春期真っただ中の当事者の子どもには、どうか、少しずつでも、リアルな世界で前を向いて歩いていってほしいなと思います。

chapter 6　トラブル編

1 ｜ アウティング・「ばらす」と脅されている

Ⓠ　1年前、親しい友人に自分がゲイであることを打ち明けました。その友人は、私のカミングアウトに対して理解を示してくれたので、話してよかったと思って信頼していました。ですが、先日、その友人とケンカをして、絶交してしまいました。ケンカの最中に、「ゲイであることをばらすぞ」といわれてしまい、「それはやめろ」といったものの、本当にばらされるかもしれないと思うと、不安です。どうすればよいでしょうか。

Ⓐ　個人の性的指向や性自認を、本人の了解がないのに他の人に話すことは、プライバシー権の侵害です。脅迫、恐喝、名誉毀損などになる場合もあります。

アウティングとは

　アウティングとは、本人が了解していないのに、オープンにしていない性的指向や性自認などをばらすことをいいます。つまり、誰を好きになるのか、また自分の性がどういうものなのかについて、本人の許可なしに別の人が勝手にしゃべってしまうことをいいます。

　残念ながら、自分が同性を好きになること、自分の心の性別が体の性別と違うことを、自由に他の人に自分から話すこと（カミングアウトすること）は、依然できにくい社会です。目に見えての差別は昔に比べては減ったのかもしれませんが、「ゲイであること」、「レズビアンであること」、「トランスジェンダーであること」によって、周囲からおもしろ

がって見られたり、また嫌悪されたりすることは、決して少なくないと思います。

　だからこそ、性的指向や性自認については、個人の秘密として守られなければなりません。あなたの性的指向や性自認について、あなたの了解がないのに、勝手にしゃべられてしまうことは、あなたのプライバシーの権利を侵害するものとして、許されないのです。

　あなたの話を聞いたA君が、「B君はいい奴だから、絶対に差別しないだろう。だからB君に話そう」ということを考えたとしても、あなたがB君に話そうとまだ思っていないならば、A君はあなたのプライバシーを侵害したということにもなりえます。

ばらすぞと脅されている

　それにもかかわらず、あなたは今、「ゲイであることをばらすぞ」と脅されていて、とても困っているということですね。

　先ほども書いた通り、あなたの性的指向や性自認などを、あなたの了解がないのに他の人が話すことは、あなたのプライバシーを侵すことになります。もしも、あなたが嫌がっているにもかかわらず、あなたの性的指向や性自認などをばらしてしまう人がいるとすれば、あなたはその人に対して、プライバシー権を侵されたとして、心が傷ついたことによる慰謝料請求をすることができます。

　また、ゲイであることが他の人に知られると、あなたの名誉が侵されてしまうと考えるのであれば、その人の言い方次第ではあなたに対する脅迫罪にあたる可能性もあります。さらには、ばらされたくなければお金を払えなどといってきたとすれば、恐喝罪にあたる可能性もあるでしょう。

　ですから、あなたが性的指向や性自認などをばらされそうになっているのだとすれば、すぐに弁護士に相談して、弁護士の名前で相手に警告

文を出しましょう。相手の性格にもよりますが、弁護士の名前で警告文を出せば、収まることが多いです。

また、警察に相談することも1つの方法です。被害届だけではなく、その人に刑罰を与えてほしいという内容の告訴状を出すことも考えられます。

もうすでにばらされてしまった

一方、すでにばらされてしまった場合はどうでしょう。そのときは、1人では対応せずに、まずは相談窓口や弁護士に連絡を取ってください。また、インターネット上でばらされてしまった場合には、削除依頼を行うことも必要です（chapter 6－2を参照）。

「ばらす」がなぜこわく感じるか

残念ながら、今の社会では、「性的指向や性自認などをばらしてやるぞ」という言葉は、あなたにとって脅威になってしまうことは否定できません。もしも、性的指向や性自認などを外部にオープンにしても、何もマイナスにならない社会であれば、この言葉は大きなプレッシャーや脅威にはならないでしょう。

アウティングが社会問題になる背景には、性的指向や性自認などをオープンにされると何か不利な扱いをされるのではないか、変な目で見られるのではないかという不安があるからともいえます。オープンにすることが不利にならないとセクシュアル・マイノリティが感じられる社会になれば、アウティングは問題にならなくなるはずです。

chapter 6 ● トラブル編　99

chapter 6　トラブル編

2 | セクシュアリティをインターネットに書かれてしまった

(Q) 先日、インターネット上の掲示板に、私がゲイであることをばらす書き込みがされているのを見つけました。私がゲイであることは、ごく限られた友人にしか伝えておらず、まだ親にはカミングアウトをしていません。もしも親や職場の人など、私がゲイであると知らない人がこの書き込みを見るかと思うと、こわくて仕方がありません。この書き込みを削除することはできますか。

(A) 削除してもらうことはできます。ただし、掲示板によっては、時間やお金がかかることがあります。

プライバシーの侵害

　同性愛者であること、ハッテン場に行っていること、同性のパートナーがいること、戸籍の性別変更をしていること、性同一性障害の診療を受けていることなど、あなたのセクシュアリティに関する情報を、あなたの了解なく第三者に知らせることは、プライバシーの侵害にあたります。そのため、インターネット上にあなたのプライバシー情報を許可なく書き込むことは、プライバシーの侵害という違法行為です。なお、名誉毀損という場合も、状況によってはありえます。

　インターネット上のプライバシー侵害や名誉毀損で注意しなければならないことがあります。それは、インターネット上の書き込みを読んだ人が、書き込みの内容から、あなた本人だと特定できなければ、プライ

100　　2 ● セクシュアル・マイノリティの暮らし

バシーの侵害などにならないことです。たとえば、あなたの氏名が書かれておらず、ハンドルネームしか書き込まれていなければ、一般的に特定できないと考えられます。ただし、特定できるかどうかは、前後の書き込みもあわせて判断することが必要ですので、ハンドルネームだけの場合でも、削除できることはあります。

書き込みをした本人への削除依頼

時間もお金もほとんどかからない方法を、まず説明します。

書き込みをした人物がわかる場合には、メールやダイレクトメッセージを利用して、削除を求めましょう。書き込みの公開範囲を誤って設定していたり、プライバシー侵害だとは思わずに書き込んでしまったりと悪気がない場合には、すぐに削除してくれると思います。

しかし、悪気があったり、無視されたり、書き込みをした本人に連絡を取る方法がない場合には、次のステップに進みます。

専用フォームなどを使った削除依頼

次の方法も、時間やお金はほとんどかかりません。

一般的に、掲示板やブログ、SNSには、利用規約が定められており、プライバシーの侵害や名誉毀損にあたる書き込みは禁止されています。つまり、あなたのセクシュアリティに関する情報が掲示板などに書き込まれることは、利用規約に違反することになります。

また、掲示板などのサービスを提供している管理者は、違反申告専用フォームをインターネット上に用意していたり、削除依頼専用のメールアドレスを掲載していたりします。そのフォームやメールアドレスから、サービスの管理者に削除を求めましょう。大きな企業が管理者である場合には、迅速に対応してくれることもあります。場合によっては、違反

chapter 6 ● トラブル編　101

申告をしてから数時間後には削除してくれることもあります。

送信防止措置手続

　違反申告をしても削除してくれない場合は、サービスの管理者に対して、送信防止措置手続の申立をします。送信防止措置とは、簡単にいうと削除です。つまり、この送信防止措置手続とは、サービスの管理者に対して、決められた書式を使って、文書で削除依頼をすることです。

　文書は、「プロバイダ責任制限法関連情報Webサイト」にある「名誉毀損・プライバシー関係書式（PDF）」を参考に作成してください。また、送り先や同封する関連書類については、サービスの管理者に問いあわせてください。

　この送信防止措置手続の申立は、自分でもできますし、弁護士に依頼することもできます。弁護士に依頼する場合は、数万円以上かかる場合もあります。ですので、まず自分で書面を作成して、弁護士に法律相談の形で内容をチェックしてもらうと、費用は法律相談料だけですむ場合もあります。

削除の仮処分

　送信防止措置手続をしても削除してもらえない場合には、裁判所の法的手続を使うしかありません。法的手続にはいろいろなものがあります。しかし、インターネット上のプライバシー侵害や名誉毀損の場合、時間が経てば経つほど情報が拡散されるので、被害が大きくなります。ですので、できるだけ迅速な削除が必要です。

　そこで、仮処分手続を行います。この場合には、より専門的な手続が必要になるため、弁護士を活用しましょう。

発信者情報の開示

インターネット上にプライバシー情報を暴露された被害者にとって、誰が書き込んだのかはすごく気になることでしょう。書き込んだ人物を特定する方法として、発信者情報の開示請求という手続があります。この請求が認められると、書き込んだ人物を特定することができます。

しかし、発信者情報の開示にはさまざまなハードルを超えなければなりません。たとえば、発信者情報が開示されるまでに、一般的に、2回の仮処分と、1回の訴訟が必要になります。そのため、削除の場合よりも数倍の弁護士費用がかかります。そして、個人のプライバシー侵害や名誉毀損の慰謝料は、一般的に高額にはならないため、弁護士費用の方が高くつくこともあります。また書き込みがあってから数か月〜1年弱で発信者情報が自然に消滅する可能性があるので、早めに動く必要があります。

発信者情報の開示を求めるかは、費用の問題や時間的な労力なども踏まえて、よく考えて決めた方がよいです。

chapter 6　トラブル編

3 | セクシュアル・マイノリティだということが 知られていじめを受けている

Q ゲイの男子中学生です。クラスの男っぽい女子が「おとこおん な」とからかわれているのを見て、自分がゲイだとばれないよ うに気をつけていたのですが、スマートフォンでゲイサイトを 見ていた履歴を友達に見つかってしまい、「ホモ」、「おかま」 とからかわれたり、シカトされたりするようになりました。学 校に行くのが本当につらいです。

A あなたは1人ではありません。あなたの力になりたいという大 人は、実はたくさんいます。信頼できる人やさまざまな電話相 談窓口、弁護士などを使って、一緒に悩みを考えましょう。

あなたがいじめられてよい理由などない

「おとこおんな」とからかわれている子も、そして、「ホモ」、「おかま」 とからかわれ、シカトされているあなたも、本当につらい気持ちだと思 います。

多くの人が、「いじめは確かに悪いことかもしれないけれど、いじめ られる側にも原因がある」といいます。男子なのにナヨナヨしているな ど、他の人と違ったところがある、場の空気を読まない、他の人に迷惑 をかけている、といったことがいじめられる側の「問題」だといいます。

しかし、それは100%間違った考え方です。周りの人と違っていると ころや、足りないところが、まったくない人などいませんし、周りにま ったく迷惑をかけないで生きている人もいません。

104　2 ● セクシュアル・マイノリティの暮らし

「いじめられる側にも問題がある」というのは、結局、どんな人に対しても責任を押しつける言葉に過ぎないのです。

私たちの社会は、年齢も、生まれ育った環境も、外見も、ものの感じ方や考え方も、1人ひとりが違っているのが当たり前です。そして、その違いをお互いに認めあい、大切にしながら、社会は成り立っています。法律も、1人ひとりを尊重することを大前提にして、この社会がうまくまわることを目指して、本来は作られています。

ところが、同じ年代の子どもが集まり、同じ服を着て、同じ授業を受け、同じような目標に向かっている学校では、少しの違いがとても目立ち、そしてその違いを尊重せずに、むしろいじめの対象にしてしまいます。これは、まったくおかしなことです。

特に、セクシュアル・マイノリティの子どもは、いじめの被害を受ける割合がとても高いことが、調査でわかっています。子どもがセクシュアル・マイノリティについて理解していないだけでなく、学校の先生などの大人までもが、「女らしくしなさい」、「ホモ」、「気持ち悪い」などと生徒の前でいい、セクシュアル・マイノリティの生徒を傷つけている無理解な現状が、残念ながらあります。

でも、あなたは1人ではない

あなたは今、とても1人ぼっちに感じていると思います。

でも、あなたは、1人ではありません。あなたの話を聴きたい、一緒に考えたい、一緒に動きたい、そう思っている大人が、この社会には、あなたの想像以上に実はたくさんいます。

学校の中でも、担任の先生がセクシュアル・マイノリティに理解がなくても、保健室の先生やスクールカウンセラーが、あなたの気持ちを受けとめてくれるかもしれません。

本当は、親に相談できればよいのですが、親に心配させたくないとい

chapter 6 ● トラブル編　　105

う思いで相談しないと考えているかもしれません。ましてや、いじめの原因が、あなたがセクシュアル・マイノリティだと知ったとき、親が受けとめてくれるかどうか心配で話せない、ということもあるでしょう。

　そんなときは、電話であなたの話を受けとめてくれるところがあります。全国に「チャイルドライン」という、子どもの声をじっくりと聴いてくれる電話相談がありますし、文部科学省も電話相談を24時間受けています。

　そして、弁護士も、子どもからの電話相談を受けています。ニュースやドラマなどの影響で、弁護士は法廷で裁判をしているイメージが思い浮かびやすく、あなたの学校でのいじめを助けてくれるというのは、あまりイメージができないかもしれません。ですが、弁護士は、あなたがどんないじめを受けてきたのかを整理し、あなたが今どうしたいのか、これからどうしたいのかを一緒に考える存在です。もしもあなたが望めば、自分の親、先生や学校、いじめた相手などに、あなたと一緒に、あるいは、あなたの代わりに、あなたの考えを、伝えることができます。

　弁護士というと裁判のイメージが強いですが、裁判だけではなく、いろんな話しあいのやり方を弁護士はすることができます。今のつらい状況を変えて、あなたがあなたらしく、安心した毎日を過ごせるように、一緒に作戦を考えていきましょう。

106　　2 ● セクシュアル・マイノリティの暮らし

chapter 6　トラブル編

4 | 公衆浴場で男性の体を触ったらトラブルになった。これからどうなる？

Ｑ　50代の市役所職員です。先日、公衆浴場に行った際、露天風呂で、30歳位のタイプの男性が入浴していました。何度も目があったような気がしたので、相手も私に気があるのかと思い、男性のすぐ隣に近づき、手を伸ばして男性の股間に触れたところ、「何やってんだ、お前」と手をつかまれ、警察に通報され、現行犯逮捕されました。私はこれからどうなるのでしょうか。

Ａ　そもそも、相手の了解なく、他人の体を触ってはいけません。強制わいせつ罪などの刑事処分、民事責任として慰謝料の支払い、職場での懲戒処分などの可能性があります。

強制わいせつ罪などの可能性

　まず、刑事事件として、男性の股間に触れた行為に関して、強制わいせつ罪になる可能性があります。強制わいせつ罪は、13歳以上の人に、暴行または脅迫をしてわいせつな行為をしたときに成立します。相手の股間に触れたことが、暴行なのかと思われるかもしれませんが、裁判所の判断では、わいせつ行為が暴行に含まれるとしていたり、暴行の度合いも大小強弱は必ずしも問わないとしていたりします。

　また、各都道府県の迷惑防止条例では、このケースのように、公共の場で直接に体に触ることを処罰する規定を設けているところがほとんどのため、これに違反するとして処罰されることも考えられます。

　逮捕されると、最大72時間、弁護士以外誰にも相談できませんので、

できるだけ早く、警察官や刑務官に、弁護士に相談したいので連絡をしてほしいと伝えましょう。全国の各弁護士会が、弁護士を無料で派遣してくれ、弁護士から刑事手続の流れの説明を受けることができます。依頼を受けた弁護士は、被害者との話しあい（示談）を進め、あなたがなるべく早く釈放されるために動きます。

　裁判にならずに釈放されることもありますし、場合によっては裁判になることもあります。裁判にかけられる（起訴）場合でも、釈放してもらう手続（保釈）のために、弁護活動をしてもらうことができます。

慰謝料の支払いの可能性

　次に、民事事件として、被害者に対して慰謝料を支払わなければならない可能性があります。慰謝料の額は、ケースによります。

　すでに刑事事件になっているのであれば、その担当弁護士を通じて、慰謝料についての話しあいを行い、なるべく早く示談を結ぶことを目指します。刑事事件になっていなくても、弁護士が代理人となって、被害者と話しあうことができます。

職場での懲戒処分

　最後に、職場での懲戒処分の可能性があります。今回のケースは、職場の中で起きたことではありませんが、職場の外の出来事でも、やってしまったことの性質、その重さ、職場の種類や規模、その人の職場での地位などを総合的に判断して、職場の社会的評価に及ぼす悪影響が大きければ、何らかの処分がされるでしょう。あなたのような公務員の場合、信用失墜行為にあたるとされ、懲戒の対象になる可能性があります。民間企業の場合も、職場外のことであっても、企業の社会的信用を著しく傷つけたとして、懲戒されることもありえます。

懲戒は、いろんな重さがあり、注意を受けるだけのもの、給与が減る
もの、停職や解雇（公務員は、免職と呼びます）などがあります。もし不
当な処分であれば、訴訟などあらゆる形で職場と争うことができます。

示談にすることはできるのか

　示談が成立するかどうかは、刑事事件のみならず、職場での処分がな
されるかどうかにも影響しますし、刑事事件で裁判にかけられなかった
（不起訴処分）ということも、職場での処分に影響します。ですから、問
題の悪化を最小限に収めるためにも、できる限り早く専門家とともに解
決をすることが大切です。

chapter 6 ● トラブル編　　109

chapter 6　トラブル編

5 ｜「野外ハッテン場で被害を受けた」と おどされている

Q 私はゲイの会社員です。先日、野外ハッテン場として有名な近所の公園のトイレに行ったら、男の人が誘うような素振りをしたので、その人の股間を触りました。するとその人は、「何をするんだ。この変態」と激怒して、「慰謝料を払わなければ、警察に被害届を出す」といいました。私は家族や会社にばれたら大変だと思い、それ以来、その人にいわれるがままに、お金をわたしています。すでに借金までしています。どうしたらよいのでしょうか。

A これ以上お金はわたせないときっぱりと断ってください。それがいえない場合、または、断っても請求が続く場合は、弁護士に助けを求めましょう。

心配でも、相手のいいなりにはならない

　ハッテン場とは、ゲイの人たちが出会いを求めて集まる場をいい、専用の商業施設の他、公園のトイレなど公共施設が野外ハッテン場となっていることもあります。ゲイの人を狙って、そのような野外ハッテン場で待ち伏せをしたり、インターネットの掲示板でゲイの人を誘い出したりして、その人に対して、わいせつな行為をされたと被害者を装って脅し、金品を要求するというケースは、少なくありません。

　このような行為は恐喝罪にあたるので、自称「被害者」にお金をわたす必要はありません。相手のいうことに怖気づくことなく、きっぱりと

110　2 ● セクシュアル・マイノリティの暮らし

断ってください。

　ただ、自分は被害を受けたと言い張る人を前に、お金を払わないというのは勇気がいります。また、もし警察に被害届を出されたら、自分がゲイであることやハッテン場に出入りしていることが家族や職場にばれるかもしれないと思って、ついいいなりになってしまうかもしれません。

　その場できっぱりと断れなかったとしても、絶対に、自分の住所や電話番号、家族の連絡先、学校や職場などの個人情報は、相手に伝えてはいけません。また、免許証や保険証などの個人情報がわかるものも、わたしてはいけません。個人情報を伝えると、しつこく連絡が来たり、家族や職場に請求されたりするなど、脅される場合もあります。

　後日相手から連絡があっても、相手のいう通りにしてはいけません。そのような連絡は無視していれば、そのうち来なくなります。

　警察に被害届を出されるかもしれないという心配は、まずしなくて大丈夫でしょう。相手は自分がやっていることが犯罪だとわかっているので、自ら警察に行くことはあまり考えられません。

　こういったトラブルの場合、あわてず、相手に届せず、きっぱりとした態度を取ることが一番重要です。相手は、あなたがあわてふためいている対応をしていることにつけこんで、いろいろと不当な要求をしてくるのですから、いいなりにならない、個人情報をわたさない、といった断固とした態度が必要になるのです。

自分だけではどうしようもないと思ったら

　きっぱり断れない場合、断ってもしつこく請求が続く場合、個人情報を相手に教えてしまって家族や職場にばれる危険がある場合には、弁護士を使いましょう。相手の電話番号しかわからず、住所がわからない場合にも対応してもらえます。

　弁護士は、直接相手に連絡して、恐喝行為をやめるように通告します。

chapter 6 ● トラブル編　　111

このとき、内容証明郵便という後に送ったことがわかる方法で相手に手紙を送ります。同時に、似たような行為を続けた場合には、恐喝罪で刑事告訴すると相手に警告します。このような弁護士による通知は、相手にプレッシャーを与えるとともに、不当な請求には応じないという決意を相手に示す効果があります。

　免許証や保険証などのコピーをわたしてしまっている場合も、弁護士を通して取り戻してもらいましょう。すでにわたしてしまったお金も、取り戻せる場合もあります。

chapter 6　トラブル編

6 ｜ 乳房の切除手術をしたら、予想以上の手術代を請求された

Ⓠ 私は、自分の性別は男だと思っています。なのに、乳房がある
のが嫌なので、乳房の切除手術をしました。手術をする前には
医師との簡単な面談をしただけで、医療費の説明はなかったの
ですが、手術後、病院から高額な手術代を請求されました。こ
ういった手術には健康保険は適用されないのでしょうか。また、
健康保険が適用されない場合、病院から請求された金額は全額
支払わないといけないのでしょうか。

Ⓐ 病気やけがの治療ではないので健康保険は適用されません。治
療費について合意がない場合、病院は通常の相場を大幅に超え
る費用を患者に請求できません。

保険診療と自由診療

　病院での診療には、健康保険（国民健康保険などの公的医療保険のこと
です）が適用される保険診療と、健康保険が適用されない自由診療の2
つがあります。保険診療の場合は、全国どこの病院や診療所で診察を受
けても、同じ治療ならば費用も同じです。一方、健康保険が適用されな
い自由診療の場合は、病院や診療所が自由に金額を設定できるので、同
じ治療を受けても、医療機関によって金額が違います。

　健康保険が適用されれば、患者が病院の窓口で支払う金額は、厚生労
働省が決めた診療報酬の総額の3割（小学生未満や70歳以上の年金生活者
などを除く）ですみますし、1か月に支払う医療費の自己負担額が一定

の限度額を超えた場合には、高額療養費制度を利用することで、超えた分を払い戻してもらうこともできます。しかし、健康保険が適用されない自由診療の場合、高額療養費制度を使うことはできません。

健康保険が対象とする診療行為

　健康保険による療養給付は、医師が治療が必要だと判断するけがや病気が対象のため、健康診断や美容目的の手術には、原則として健康保険は適用されません。そして、現在は、性同一性障害の人たちに対する性別適合手術や乳房切除手術には保険が適用されないことになっています。そのため、乳房切除手術は、乳がんなどの病気、または、何らかのけがの治療ではない限り、健康保険は適用されません。

手術代の支払い義務

　患者が医療機関を受診し、医師から医療行為を受けると、法律上、診療契約（準委任契約）が成立します。自由診療契約の内容は、患者と医者の双方が了解して決めることができるので、診療契約をしたときに、手術代がどのようになっていたのかが問題になります。

　自由診療の契約を結んだ際に費用について了解がない場合、健康保険法の診療報酬体系を一応の基準とするため、過去の裁判所の判断では、病院は通常の相場を大幅に超えるような費用を患者に請求することはできません。また、仮に病院があらかじめ費用について患者に説明していたとしても、病院の説明に問題がある場合には、消費者契約法により契約を取り消せることもあります。

手術の前に必ず確認を

　手術でのトラブルを防ぐために、手術の方法や代金などはあらかじめ
きちんと説明してもらい、話を聞くだけではなく文書をもらうようにし
ましょう。わからないことや曖昧なことは、きちんと確認しましょう。

　性別適合手術や乳房切除手術を、日本ではなく海外で受ける人も多く
いますが、海外でのトラブルは、日本でのトラブルに比べてより解決が
難しくなりますので、特に注意してください。

chapter 6　トラブル編

7 ｜ セクハラ被害に遭ったら

Q 私は、金融機関のITシステム管理部門で働いており、ゲイで
あることを公にしています。職場では同僚や上司ともそれなり
にうまくいっていると思います。ただ、会社の飲み会で、男性
の同僚たちから、男性経験について根ほり葉ほり聞かれて困っ
ています。また、その場のノリで男性の同僚にキスをするよう
強要されたこともあります。これはセクハラではないでしょう
か。

A セクハラです。できれば、「やめてほしい」とはっきり伝え、
それでもダメな場合や伝えられない場合は、労働局の相談コー
ナーや雇用均等室などに相談することもできます。

セクハラとは

　セクハラには、性的な言動に対する労働者の対応によってその労働者
が不利益を受けるもの（たとえば、性的な関係を持つように要求されたの
で断ったところ、解雇をする・給料を減らす・昇進させないなどの不利益を
受けるような場合）や、性的な言動により労働者の働く環境が害される
もの（たとえば、「あいつヤりまくってるんだって」などの性的な内容の情
報を広められ、苦痛を感じて仕事が手につかないようにさせられる場合）、
などがあります。
　つまりは、「性的な言動」、すなわち、「性的な内容の発言や性的な行動」
によって、個人の尊厳を害する行為がセクハラといえます。

116　　2 ● セクシュアル・マイノリティの暮らし

「性的な内容の発言」には、性的な事実関係を聞くことや、性的な内容の情報をわざと流すことなどがあります。

「性的な行動」には、性的な関係を強要すること、必要なく体に触ること、わいせつな写真やイラストを配ったりインターネットで拡散したりすることなどがあります。

セクシュアル・マイノリティに対するものも、もちろんセクハラ

これまでセクハラといえば、男性の女性に対する行為が主に問題とされてきました。しかし、同性同士であっても、「性的な言動」により嫌な思いをさせればセクハラです。

現在では、厚生労働省も、セクシュアル・マイノリティに対するセクハラも、「セクハラ」であり、許されないとしています。

したがって、あなたがされたような、男性の同僚が男性のあなたに対して男性経験を根ほり葉ほり聞いたりキスを強要したりすることは、まさに「性的な内容の発言」と「性的な行動」にあたり、セクハラになります。

セクハラにはどう対応すればよいか

このようなセクハラに対しては、できれば、「セクハラだからやめてほしい」とはっきり伝えましょう。

しかし、実際には、「はっきりいえないから悩んでいるんだよ」という人が多いと思われます。「ノリが悪いと思われるんじゃないか」、「人間関係にひびが入るんじゃないか」と心配になる気持ちもわかります。

嫌だと伝えられない場合、いってもやめてくれない場合は、信頼できる上司（加害者よりも立場が上の方がよいでしょう）に相談したり、職場の相談窓口で相談したりすることが考えられます。ただし、職場の相談

chapter 6 ● トラブル編　117

窓口では、「秘密は守ります」といっていても、加害者に対して内々に相談内容が伝えられたりすることがあるので、この点には注意が必要です。

職場に相談窓口がない場合や、社外で相談したいときは、各都道府県の労働局の相談コーナーや雇用均等室で相談したり、あっせん手続（労働問題の専門家が間に入って、トラブルの解決のために調整をする制度）を利用したりすることもできます。どれも、行政の手続なので、利用するのに費用はかかりません。

その他、不法行為として、加害者や会社に対して損害賠償の請求をしたり、裁判所で調停や訴訟を行ったりすることも考えられます。

また、強制わいせつや強姦などの犯罪に該当するような場合には、刑事告訴をするなどの対応を取ることもありえます。

ところで、セクハラの言動は録音や録画などの直接的な証拠が残らないことが多いです。どのような手段を取るにしても、セクハラの言動があった日時やその内容、加害者の名前、そして加害者だけでなく、その場にいた人がいればその人の名前を、日記やメモに残しておくことは大切です。

chapter 6　トラブル編

8 ｜ 性被害に遭ったら

Ⓠ 私は、性暴力の被害に遭いました。病院にも行きましたが、受けてしまった被害のことも、私がセクシュアル・マイノリティであることも、医師にうまく話せませんでした。被害の影響で精神的にも調子が悪く、仕事も続けられなくなりそうです。被害に遭ってさまざまな壁にぶちあたっていますが、これからどのように生きていけばよいでしょうか。

Ⓐ 支援を求める中で傷つくこともありますが、あなたは、権利として加害者の処罰を求めたり、損害の賠償を請求したりすることができます。

苦しくても、信頼して話せそうな人を探すのも1つの方法

　性被害に遭うことはとてもつらいことです。体だけでなく心にも大きな傷を残します。また、性被害の影響が長い間続くこともあります。

　このようなつらい性被害について、多くの人はなかなか打ち明けることができません。特に、被害に遭った側がトランスジェンダーであったり、被害の背景に同性愛指向などの事情などがあったりする場合には、被害を打ち明ける際には、被害のことと一緒に、自分自身の性的指向や性自認についても説明しなければならないため、負担が大きくなります。医療機関や警察、弁護士などに相談するとしても、気が重いことでしょう。

　自分のことを理解してもらえそうな人を探すのはなかなか難しいです

し、性暴力被害の解決は簡単ではないですが、支援者だけでなく、あなたに理解がある仲間がいれば、心が落ち着くかもしれません。

性被害に関する法的対応

性被害を法的に解決し、また、性犯罪を裁く法律があります。ただし、多くの法律が、男女の区分や、異性愛を前提にしているため、セクシュアル・マイノリティが被害に遭った場合には、法律を使うのに困難なケースもあります。

あなたには、加害者の処罰を求める権利があります。刑法の強姦罪は、無理やり男女間の性交がされた場合にのみ成立することになっています。それ以外の場合には、強制わいせつ罪として処罰の対象になりますが、強姦罪の刑罰よりもかなり軽くなっています。そのため、肛門への性交や口淫を強いられた場合などの被害の場合には、強姦罪ではなく、強制わいせつ罪として処罰されます。性犯罪の加害者を刑事裁判で裁くためには、原則として、被害者が加害者を刑事裁判にかけて処罰してほしいという意思表示である告訴をすることが必要です。ただ、トランスジェンダーの当事者が被害に遭った場合、警察での対応が不十分なために被害者が警察の対応に振り回されてしまうこともしばしばあります。なお、強姦罪や強制わいせつ罪など刑法の性犯罪に関する条文は、改正に向けて議論がなされており、今後、変わる可能性がありますので注意してください。

また、弁護士を通じての交渉で加害者に謝罪や慰謝料を求めたり、民事裁判で加害者に慰謝料の支払いを求めたりすることもできます。さらに、若者が性被害に遭った場合には、児童福祉法違反や条例違反で加害者を処罰できることもあります。

法的対応以外の対策の必要性

　性暴力一般にもあてはまりますが、セクシュアル・マイノリティの被害の場合にも、加害者と顔見知りで、何らかの人間関係があった中で起きることが多いです。セクハラや知人間のトラブルも同様です。そのような場合、法的な解決を考えるだけでなく、相手との距離を保つため、避難したり連絡を遮断したりするなどの日常生活の安全や平穏の確保や、加害者が接触しないよう対応を求めるなど、職場や学校での関係などにも踏み込んだ解決が必要になることもあります。

chapter 6　トラブル編

9 ｜ 同性の人からストーカーに遭っていて困っている

Q レズビアンのオフ会で知りあった人からつきまとわれて困っています。「つきあって」といわれて断りましたが、住所を教えていないのに、自宅や職場に来たりして、「あなたのことが好き。一緒に飲みに行こう」といってきます。家族や勤務先には相談しづらいし、我慢するしかないのでしょうか。

A 同性間でもストーカー規制法は適用されます。1人で対応しようとすると、ストーカーのいう通りにされやすくなります。警察や弁護士、信頼できる人に早めに相談しましょう。

これ以上嫌な思いをしないために、警察に相談しましょう

　好きでもない人に待ち伏せされたり、職場に来られたりして大変でしたよね。とても困っていらっしゃると思います。

　好きという気持ちを満たすために、また、その気持ちが満たされない逆恨みの気持ちをはらすために、つきまといや待ち伏せなどをすることを、ストーカー規制法は「つきまとい等」と名づけ、「つきまとい等」をして不安にさせることを禁止しています。

　ストーカー規制法で重要なことは、ストーカーが、異性ではなく同性であっても、規制の対象になることです。

　また、「つきまとい等」は、あなた自身に対するものに限りません。あなたの同性の恋人など「社会生活において密接な関係にある人」に対するつきまといも、「つきまとい等」にあたります。

122　2 ● セクシュアル・マイノリティの暮らし

相手が同性でもためらわず、状況がより悪化する前に警察に相談しましょう。警察は、あなたの話を聞いて状況を把握し、また希望を聞いてくれます。その上で、ストーカー規制法でできることをしたり、今後どうしたらよいかなど、あなたの相談に乗ったりしてくれます。

ストーカー規制法でできること

相手が、「つきまとい等」にあたる行為をしていて、さらに繰り返すおそれがある場合は、警告を申し出れば、警察は相手に対し、「つきまとい等」を繰り返さないように警告することができます。

警告後も「つきまとい等」が続けば、公安委員会は、相手に言い分をいう機会を与えた上で、警告より強力な禁止命令を出すことができます。禁止命令の違反には、罰則があります。「つきまとい等」を繰り返した場合の罰則は、1年以下の懲役または100万円以下の罰金です。繰り返さなかったけれど、「つきまとい等」をした場合は、50万円以下の罰金です。

相手が「つきまとい等」を繰り返している場合に、相手の処罰を求める気持ちを告訴という形で明らかにすれば、禁止命令を出す手続などを通さなくても、ストーカー規制法違反として事件にすることができます。罰則は、6か月以下の懲役または50万円以下の罰金です。

「つきまとい等」とは

ここまで出てきた「つきまとい等」には、つきまといや待ち伏せ以外には、次の8つのようなことがあてはまります。

1つ目は、住居や職場、学校など普段いる場所の近くで見張ったり、押しかけたりすることです。

2つ目は、監視していると思わせるようなことを告げること（直接伝

えなくても、知ることができる状態にすることも含まれます）。たとえば、「今日は、○○ちゃんと会っていたよね。楽しかった？」などと行動を見張っていると思わせることをいったり、そのようなことを書いた紙を車のワイパーにはさんでおいたりすることなどです。

3つ目は、会うことやつきあうことなど、応じる義務のないことを行うように要求することです。たとえば、断っているのにプレゼントを受け取るように要求することなどです。

4つ目は、著しく荒々しかったり乱暴だったりする言葉をいったり、そのような行動をしたりすることです。たとえば、「バカヤロー」などと怒鳴ったり、家の前でクラクションを鳴らしたりすることなどです。

5つ目は、無言電話や、断ったのに連続して電話、メール、FAXなどをすることです。

6つ目は、汚物や動物の死体など、不快感や嫌悪感を与えるものを送ったり、知ることができる状態に置いたりすることです。

7つ目は、名誉を傷つけることを告げること（直接伝えなくても知ることができる状態にすることも含まれます）です。たとえば、「○○は、女狂い」などと中傷するような内容をインターネット上に書き込むことなどです。

最後に8つ目は、性的に恥ずかしいという気持ちを害すること（直接伝えなくても知ることができる状態にすることも含まれます）です。たとえば、いやらしい文書や写真などを送りつけたり、いやらしい言葉をいったりすることなどです。

警察への相談の仕方

まず、ストーカーがまさに今ここに来ているなどの緊急事態の場合は、迷わず110番通報してください。ストーカーが立ち去ったとしても、通報して警察官に状況を説明して被害の相談をしておきましょう。

そこまで緊急ではない場合には、警察署の生活安全課などストーカーを担当する部署に相談してください。できれば、あらかじめ警察署に電話をして、ストーカー被害に遭っていることを伝えて、いつ行くのがよいか聞いてください。相談に対応する警察官について、男性か女性か事前にお願いをすることもできます。被害相談を行うことで、警察からの見守りをお願いするなどの「援助申出」をしたり、必要に応じて「被害届」や「告訴状」を出したりするなどの、具体策を立てることにもつながります。

　ストーカー規制法で相手を処罰するには、相手の行動が、好きという気持ちやそれが満たされない逆恨みの気持ちからくるものであることがわからなくてはなりません。そのことを証明するために、相手が送ってきたメールやインターネットの書き込みなどは残しておきましょう。また、「つきまとい等」の行動があったことの証拠になりそうなものは残しておき、警察に相談するときに持っていきましょう。

　ただ、不快な相手が残したものを取っておきたくなくて、すぐに捨ててしまったということもよく起こりますし、そのような気持ちになるのはわかります。そんなときでも証拠がないからと相談をあきらめずに、今後のために警察に相談をしましょう。

　もし、警察にどう相談すればよいかわからない、警察に相談したがうまくいかないといったときには、犯罪被害者の支援をしている弁護士を活用し、相談や手続への付き添いを依頼する、証拠集めのアドバイスをもらう、といったこともできます。

孤立しないことが大切

　つきまといを続けられると、相手のいいなりになってしまうことがあります。また、あなたの事情がわからないと、身近な人も心配ばかりがふくらむだけで、あなたを助けることができません。できれば、信頼で

chapter 6 ● トラブル編　　125

きる人に相談をすると安心です。周りにいなければ、この本の最後にある「相談機関一覧」に連絡することも 1 つの方法です。

chapter 6　トラブル編

10 | 同性パートナーやトランスジェンダーとDV

Q 彼氏と同棲中です。僕は、だらしない人間で、賞味期限切れの食べ物を食卓に出したりします。そんなとき、彼氏は、「俺を殺す気か。病気になったらどうするんだ。ダメ人間！」などと僕を怒ります。リモコンを投げつけられたり、殴られたりしたこともあります。冗談っぽく包丁を首にあてられ、「殺してやろうか」ともいわれました。男同士でもDVになるのでしょうか。彼氏がゲイ友とのつきあいを嫌がるので、相談できる人がいません。

A 男女間でなくてもDVです。身の危険が迫っているときはすぐ警察に連絡しましょう。また、セクシュアル・マイノリティに対応した相談窓口があります。

DVとは

DV（ドメスティック・バイオレンス）は、日本語にすると、家庭内暴力という意味です。しかし、家庭内の暴力すべてを意味するのではなく、一般には、夫婦や恋人などの親密な関係にある（あった）人からの暴力をいいます。

以前は、「愛情のもつれで起こる、たわいもないケンカで、社会全体で取り組むべき問題ではない」などとされていました。しかし、実際、DVで殺されてしまうこともありますし、けがをすることもあります。体にはけがをしなくても、心に傷を負うこともあります。DVは、深刻

127

な被害をもたらします。

　また、加害者が悪いのは当然ですが、多くの場合、女性が男性に比べて低い地位に置かれていることがDVの背景にはあり、DVは、単なる個人の問題にとどまりません。

　そこで、DVは社会全体で取り組むべき問題と考えられるようになり、日本でも、夫婦や恋人などの間での暴力をきちんと問題にするため、DVという言葉が使われるようになりました。

　DVのイメージとしては、ものを投げつける、殴る、蹴る、刃物を体に突きつける、髪を引っ張るなどの身体的な暴力が思い浮かぶかもしれません。確かに、身体的な暴力は、体に直接被害を及ぼし、目に見える被害を生じさせます。しかし、「ダメ人間」などといったり、怒鳴りつけたり、また交友関係を制限したりするなどの、身体的な暴力ではない暴力も、自信を失わせたり、気持ちをひどく落ち込ませたり、自立できなくさせたりして、その人の力を奪います。これも重大な被害です。

　DVの本質は、支配です。男性優位の社会であることによる上下関係などを背景に、加害者は、さまざまな手段を使って支配を強めます。罵倒する、交友関係を制限する、生活費をわたさない、性行為を強要する、コンドームを使わないなど、手段は身体的な暴力に限りません。

　男性優位の社会の影響が大きいこと、男女カップルが圧倒的に多いことから、男性の女性に対するDVが目立ちますが、DVは、男性から女性に対するものだけに限りません。同性間でも上下関係は生じ、さまざまな暴力を用いて、親密な間柄での支配が行われます。そして、同性間では、つきあっていること自体が秘密になっていたり、つきあっていることを知っている仲間は加害者とも知りあいだったりして、相談しにくいということもあります。また、同性同士ではDVがあると思われていなかったり、やっと見つけた相手だからと離れる決心がつかなかったりすることもあります。そういったことから、男女間のDVより、助けを求めにくく支配が強まりやすい傾向があります。

128　　2 ● セクシュアル・マイノリティの暮らし

DVから自分を守る方法

　DVという言葉は、世の中では、男女間での暴力だけを意味するものとして使われていることが多いかもしれません。しかし、あなたはそれを気にせず、あなた自身に起こっていることを理解して、そのことを表現するために、DVという言葉を使ってかまいません。また、暴力は振るう人に責任があって振るわれる方には責任はないということ、あなたには、パートナーから別れることを許してもらわなくても、パートナーから離れて、暴力を受けないで、安心して幸せに暮らす権利があるということも、知っておいてください。

　そして、身の危険が迫っているときは、迷わず警察を呼びましょう。できれば前もって、警察に、「パートナーから暴力を受けているので、危険なときには助けてほしい」ということを伝えておいてください。そうすると、いざというときに話が通じやすくなります。また、110番以外に、警察がより速やかに対応できる連絡方法を教えてくれることもあります。

　緊急ではない場合には、行政や民間の相談窓口または弁護士に連絡して、今後の対策を専門家と一緒に考えましょう。パートナーと別れたり逃げたりするつもりがなくても、相談して大丈夫です。

　残念ながら、行政や民間の相談窓口または弁護士の中には、同性間や男性が被害者となるDVの相談を受けつけていなかったり、対応する能力がなかったりするところがあります。この本の最後にある「相談機関一覧」は、いずれも同性間や男性被害者からの相談、トランスジェンダーからの相談にも対応しています。

　行政や民間の相談窓口は、あなたが逃げたい場合には、逃げる方法や逃げた後の生活の手段を一緒に考えてくれるはずです。必要であれば、弁護士を紹介してくれることもあります。

　また、相手から身を隠す安全な場所が必要な場合、シェルターの利用

chapter 6 ● トラブル編　　129

が考えられます。被害者の多くが女性であることから、DV専用のシェルターで男性の入所に対応しているところはあまりありません。法律上は女性でも、男性に見える場合には入れないこともあります。一方、法律上は男性でも、女性に見える場合には、女性として入れることもあるようです。中にはDV専用のシェルターを男性が使えたり、DV専用ではないシェルターや施設を男性のDV被害者も使えるようにしたりしていることもあります。探しづらいかもしれませんが、あきらめないでください。

　相談員は、シェルターが利用できる場合もできない場合も、最善の方法をあなたと一緒に考えるべきだということも知っておいてください。ただ、相談員に偏見があったり、よくわかっていなかったりすることもあります。不快な思いになると思いますが、必ず理解してくれる相談員は他にいます。そんなときは、別のところや別の人に相談してみて大丈夫です。

　たとえば弁護士は、あなたから依頼を受けて、あなたの代わりに、相手に対してこれ以上接触しないように警告したり、別れ話にかかわる法的な問題の交渉をしたりすることができます。また、刑事罰を求められるか、また、そのためにどうすればよいかについての相談などもできます。シェルターや相談窓口の情報も、できる限り教えてくれるでしょう。

DV防止法ができること

　DV防止法は、法律上の夫婦でなくても、事実上婚姻関係にあれば（内縁や事実婚などといわれる場合です）、また、事実上婚姻関係にあるとまでいえなくても同棲していれば、適用されます。被害者は女性に限りません。

　DV防止法が適用されると、条件を満たせば、保護命令（6か月間の被害者への接近禁止、2か月の自宅から退去などがあります）の発令を求め

130　　2 ● セクシュアル・マイノリティの暮らし

られます。保護命令違反の場合、1年以下の懲役または100万円以下の罰金に処せられるので、加害者との接触を一定期間避ける手段となりえます。また、配偶者暴力相談支援センター（都道府県には必ず設置されていて、市区町村によっては設置されているところもあります）で、さまざまな支援を受けることなどもできます。

　同性間の場合、これまでに少なくとも2例、保護命令が発令されたことがあります。これは、同棲カップルでのDVがDV防止法の対象となる前のことでした。今では、同棲カップルでも対象になりましたので、婚姻ができない同性間でもDV防止法の対象になるように思えます。しかし、現在、男女間に限るとの解釈が強く主張されています。DV防止法は、異性間と同じように同性間でも適用されるとは言い切れないのが実情です。

　ただ、保護命令の代わりにストーカー規制法などで対応すること（chapter 6－9を参照）なども考えられますので、弁護士などに相談してください。

chapter 6 ● トラブル編　　131

chapter 6　トラブル編

11 | 逮捕されないか心配で薬物をやめたいけれど どうすればよい？

Q ハッテン場で知りあった人に、「セックスが気持ちよくなるクスリ」だとすすめられて使ったら、実は覚せい剤でした。その後もすすめられるがままに使いつづけて、いつしか自分でも買って使うようになっています。やめたいと思うのですが、使ったときの感覚が忘れられず、すぐに手を出してしまいます。体にもよくないし、そのうち逮捕されないかと心配なのですが、どうしたらよいでしょうか。

A とにかく、やめましょう。ただ、覚せい剤を自分だけでやめるのは、とても難しいです。まずは、専門のプログラムがある施設や自助グループ、病院に素直に気持ちを伝えてみてください。

薬物のおそろしさ

　覚せい剤、大麻、危険ドラッグ、RUSH（ラッシュ）や5MEO（ゴメオ）などの薬物を使用するきっかけはさまざまです。興味本位だったり、友人にすすめられたり、セックスの相手から、セックスのときの興奮を高めるために一緒に使おうと誘われたことがきっかけとなった人もいます。

　これらの薬物使用に共通するリスクは、依存性があり、やめたくてもやめられなくなること、健康に重大な影響を及ぼす副作用があること、さらには、薬物を使用すると、理性が低下し、コンドームを使わないでセックスをするなど、セーファーセックスができなくなり、結果としてHIVなどの性感染症に感染する危険性が高まるということです。

132　　2 ● セクシュアル・マイノリティの暮らし

薬物の中でも、特に依存性が強く、体にも有害なのが覚せい剤です。覚せい剤は、脳や内臓をむしばむだけでなく、ずっと使っていると、「覚せい剤精神病」といわれる、幻覚、幻聴、妄想、不安などの症状が出てきます。そうなると、覚せい剤をやめた後も精神的に不安定な状態が続きます。

　覚せい剤に対しては、覚せい剤取締法で特に刑罰が用意されており、覚せい剤を使った場合には、10年以下の懲役になります。また、大麻を持っていたり売買したりした場合には、大麻取締法により5年以下の懲役になります。危険ドラッグについては、医薬品医療機器法で規制されており、買ったり使ったりした場合には、3年以下の懲役または300万円以下の罰金となります（懲役と罰金が両方とも科される場合もあります）。

逮捕されたらどうするか

　非常に残念ですが、薬物を使いつづけた結果、万一逮捕されてしまったら、できるだけ早く警察官に弁護士を呼ぶようにいってください。誰でも一度は、無料で弁護士を呼べます。

　逮捕された直後は、家族にも会うことはできません。会えるのは弁護士だけです。弁護士が来たら、警察官に対してどう対応したらよいか、職場・学校・家族などへの連絡をどうしたらよいかなど、気になっていることを聞いてください。

　その弁護士に引きつづき弁護を依頼したい場合、あなたや家族が弁護士費用を支払って依頼することができます。もしお金がなくても、国や各都道府県の弁護士会のお金で、弁護士をつけることができる場合もあります。

　警察官は逮捕の後、48時間以内に事件を検察官に送ります。そして、あなたを引きつづき捕まえておく必要があると検察官が考えたとき、検察官は、あなたが逮捕されてから72時間以内に、勾留手続で捕まえてお

chapter 6 ● トラブル編　　133

くことを裁判官に請求します。裁判官が勾留を許可したときは、勾留を請求したときから10日間捕まったままになります。勾留は、さらに最大10日まで延長することができます。

　証拠がそろっていて処罰の必要があると検察官が考える場合は、あなたは起訴されます。軽い犯罪の場合には、起訴猶予といって、起訴されずに釈放されることもあります。しかし薬物犯罪の場合、起訴される割合は他の犯罪に比べてとても高いです。

　起訴された後は、保釈保証金という逃げてしまった場合には没収されることになるお金を預けて、釈放が許可される制度もあります。

　裁判では、検察官は、あなたが犯した罪を詳しく証明します。もし検察官のいっていることがおかしければ、そのことを弁護士は主張します。また、罰せられるようなことをしていても、やり直せる可能性があるのか、やり直すための努力をしているのかによっても、刑は変わってきます。ですので、あなたを支えてくれる人に来てもらったり、あなた自身が話したりするなどして、それを裁判官に伝えます。

　最終的に、裁判官は、あなたが有罪なのか無罪なのか、有罪ならばどういった刑にするかを決めます。有罪の場合、すぐに刑務所に行くことになる場合もあれば、執行猶予といって、一定期間刑務所に行かなくてもよいことにし、その間に再び罪を犯さなければ、刑の言い渡しがなかったことになる場合もあります。

薬物をどうやってやめるか

　覚せい剤などの薬物事件では、「やめる」という単なる言葉だけでなく、あなた自身が本当に薬物をやめるという気持ちを持ち、さらに、薬物をやめている日を１日ずつ重ねていけるだけの人間関係を持つことが重要です。このことは、結果的に刑を軽くすることにもつながるかもしれませんが、それだけではなく、あなた自身のこれからの人生のためにとて

も大切なことです。

「自分は薬物をやめようと思えば、いつでもやめられる」という人は
よくいます。ただ、覚せい剤取締法違反などの薬物犯罪は、再犯率が非
常に高いといわれています。何度も刑務所に入り、刑務所から出ると、
何らかのきっかけで再び薬物を使用して、刑務所に戻っていく人たちが
たくさんいます。あなたは、「自分だけは違う」というかもしれません。
ですが、やめようと思えば簡単にやめられるほど、簡単な道のりではな
いのです。1人きりでやめると決心して、実際にやめられる人は、ほと
んどいないというのがこれまでの事実です。

薬物をやめるためには、専門家と一緒に、薬物をやめている日を1日
ずつ重ねていくことが重要です。その手助けをしてくれるのが、ダルク
のような民間の薬物依存症リハビリ施設や、NA（ナルコティクス・アノ
ニマス）といった薬物依存者の当事者同士による自助グループです。こ
うした場所では、ミーティングを通してお互いの話に耳を傾け、依存症
である自分を受け入れることで、薬物依存からの回復を目指していきま
す。また、薬物依存当事者だけでなく、その家族のための自助グループ
として、NAR-ANON（ナラノン）という場もあります。

セクシュアル・マイノリティの中には、自分の性を理解されず家族か
ら拒絶された体験や、社会の中での差別などから、社会からの孤立感や
孤独感が増し、覚せい剤などの薬物に依存する人もいるといわれていま
す。そのため、より近い境遇の人が集まって具体的に考えるために、セ
クシュアル・マイノリティだけでミーティングを行っているグループも
あります。

どこにどのようなグループがあるかは、ダルクやNAのウェブサイト
に載っていますので、是非近くのグループを探してみてください。

薬物への依存傾向がより進んでいる場合には、薬物依存者に対する専
門的な治療プログラムを行っている病院に入院することも1つの方法で
す。このような病院は、各地にいくつかあります。各都道府県にある精

chapter 6 ● トラブル編　　135

神保健福祉センターに問いあわせれば、病院の具体的な情報を知ることができます。特に、セクシュアル・マイノリティの薬物依存については、東京都にはアパリクリニックという病院があります。

　薬物をやめるには、相当な時間とエネルギーが必要です。なので、今すぐに、薬物使用をやめるサポートをしている団体や病院に、話をしてみましょう。

chapter 6　トラブル編

12 | 性別の取り扱いの変更をしない／できない人の身柄拘束

Q 私はMtFですが、戸籍上の性別を変えていません。先日、私が犯したある罪で、警察に逮捕されました。警察には、MtFだと説明したのですが、わかってもらえず、男性用の留置場に入れられています。私はこのまま男性として扱われてしまうのでしょうか。

A 男性用の施設に入ることになったとしても、特別な配慮がなされる必要があります。

体の性別が原則

　あなたは今、とても不安に感じていることでしょう。留置場や拘置所などの施設に入ることになった場合、戸籍上の性別によって、わけられることになります。生活をする部屋は1人部屋もありますが、もし他の人との共同部屋に入ることになったら、狭い部屋の中で、自分と同じ「性別」の人と寝起きしなければならなくなります。そして、自分の「性別」用の服を着せられ、その「性別」用の髪型にされ、自分と同じ「性別」の職員が見守る中で入浴させられたり身体検査を受けたりします。

　戸籍上の性別を基準にして、男性か女性かにわけられてしまうことがほとんどです。あなたも、戸籍上の性別によって、男性だと判断されたのですね。

性別適合手術を受けていなくても配慮される

　現在の日本では、性別適合手術を受けているかどうかで、施設の中での扱いが変わることがあります。性別適合手術を受けたMtFに対して男性職員が身体検査をしたことが違法であるとした裁判例がある一方で、性別適合手術を受けていないMtFを男性として扱い、髪を切ったとしても違法でないとした裁判例もあります。

　しかし、戸籍を変えているかどうか、性別適合手術を受けているかどうかにかかわらず、女性のあなたは女性として扱われるべきです。

　法務省は、性別適合手術を受けているかどうかにかかわらず、MtF、FtMに対する配慮をするよう、各地の拘置所や刑務所に求めています。たとえば、入浴や身体検査の際に、心の性別と同性の職員を一緒にいさせたり、なるべく１人で行動できたりするよう、配慮を求めています。ですので、心の性別にしたがって扱われるべきなのです。

弁護人を通しての抗議や人権救済申立

　あなたは逮捕されたばかりですので、急いで看守や警察官に弁護士会に連絡をして当番弁護士を呼ぶようにしてください。そしてすぐに弁護人についてもらい、弁護人を通して、留置場での扱いを改めるよう抗議してもらってください。

　また、弁護士会に対して、人権救済申立をする方法もあります。申立を受けた弁護士会は調査をし、そして、弁護士会が人権侵害行為にあたると判断した場合、弁護士会から刑事施設に対して、人権侵害行為をやめるよう注意し、心の性別にしたがった扱いをしてもらえるように伝えてもらうことができます。実際に今までにも、拘置所や刑務所でのトランスジェンダーの取り扱いについて、こうした人権救済申立が行われ、弁護士会による勧告が出されたことが、複数あります。

chapter 6　トラブル編

13 | 性感染症をうつした／
　　うつされたと刑事罰・損害賠償

> **Q** ヒロシです。ケンジとはインターネットで知りあいました。セックスのとき、ケンジが「生が好きなんだよね」というので、本当はHIV陽性であることをいえずに、コンドームなしで何度かセックスをしました。その後、ケンジがHIV陽性だとわかり、僕を訴えるといっています。僕はどうなりますか。

> **A** 場合によっては、傷害罪に問われたり、損害賠償を支払わないといけなかったりするかもしれません。ただ、ケンジ君の感染の経緯や、事実を証明できるかなど、状況の整理が必要です。

傷害罪の故意

　病気を人にうつした場合、傷害罪にあたる場合があります。

　傷害罪になるには、「うつした」ということだけでなく、「罪を犯す意思（故意）があった」ことも必要です。

　もし、ケンジ君がコンドームを使いたがっていたのに、ヒロシ君があえてコンドームを使わずにセックスをしたなら、明らかに故意があるといえます。でも、今回、ヒロシ君はコンドームを使いたかったのに、ケンジ君の方は使わないセックスを望んでいました。

　故意は、「わざとうつすつもりだった」ときだけでなく、「うつってしまうかもしれないけれども仕方がないと思っていた」ときも含まれます。そして、自分がHIVに感染していることを知っていて、そのことを相手に黙ってコンドームを使わずにセックスをしたのなら、「相手にHIV

139

をうつしてしまうかもしれない」という認識がある、つまり故意があると考えられることが多いでしょう。

これまで偏見や差別で苦しんできたHIV陽性の人の立場からすれば、HIV陽性であるというプライベートなことを必ず相手にいわなければならないのか、HIV陽性の人が生でセックスをするとHIVがうつるという偏見を助長するのではないか、という強い不安を抱かれるかもしれません。しかし、HIV陽性であっても、安全にセックスしさえすれば、これまでと同じようにセックスを楽しむことはできます。また、セックスをするときに、相手に対してHIV陽性であることを話さなかったということだけで、責任を取らなければならないという訳ではありません。

HIV陽性の人が、陰性の人と同じようにセックスを楽しんでもよいとしても、大切なことは、相手の身体を傷つけることはしてはいけないということです。これは、つきあいの長いパートナーであろうと、ハッテン場やアプリで出会う一度限りの相手であろうと、変わりません。相手の身体を傷つけないように、相手に対して安全なセックスをする義務がある、つまり、セーファーセックスを心がけ、相手を傷つけるリスクのあるセックスを避けることが大切なのです。

実際に傷害罪になるのか

実際に刑事責任を認めるには、難しいハードルが多くあります。

最大のハードルは、ケンジ君がヒロシ君からうつされたかをどうやって証明するかです。ヒロシ君とセックスする前から、ケンジ君は陽性だったかもしれないし、ヒロシ君以外の人からうつされたかもしれません。2人の関係や性生活といった非常にプライベートな話を、警察官、検察官、裁判官、弁護士などの多くの人に話す必要があります。必ずしもちゃんと理解してくれるかわかりませんし、中には偏見を持っている人もいるかもしれません。さらに、裁判は公開された場で行われます。捜査

機関がいろいろな事情を考えて、事件にしなかったり裁判にしなかったりすることも十分ありえます。

　ただ、性感染症の拡大を防ぐための方法として刑罰を用いることが果たしてよいのかについては、さまざまな意見があります。刑罰よりも、セーファーセックスに対する知識を広げたり、検査を受けやすくしたりすることの方が大事だ、というものです。この点は、今後も議論が続いていくでしょう。

損害賠償の支払い

　民事責任というのは、わざと（故意）またはうっかり（過失）相手に損害を与えてしまった場合に、その損害をお金で払わなければならない責任のことです。この責任を問うにしても、裁判になれば、やはり証明が必要です。裁判の費用も時間もかかります。ケンジ君もコンドームを使わなかったことの落ち度があったとして、賠償額が大きく減らされる可能性もあります（過失相殺）。裁判は公開の法廷で行われますし、裁判に勝ってもヒロシ君に財産がなければ、ケンジ君はお金をえられません。

　こういった事情から、多くの場合、裁判にはならず、弁護士を代理人にした話しあいや、非公開の調停、弁護士会の紛争解決センターなどでの話しあいで解決しているというのが実情です。

HIVは死の病ではない

　HIV/AIDSは、かつては不治の病、一度発症してしまえば死にいたる病といわれていました。しかし、医療技術の進歩により、HIV陽性でも長く人生を送ることができるようになっています。適切な医療を受け、セーファーセックスを心がけることによって、HIVを他の人にうつすこ

chapter 6 ● トラブル編　　141

とも防げます。現在の医療技術では、HIV感染の治療を行っている人たちの多くは、体内のウィルスが見つからないレベルにまでウィルスを抑えて、感染のリスクはほとんどないといえるほど低くなっているといわれています。

　ただ、普段からHIVに感染する危険性の高いセックスをしながら検査に行かず、自分が陽性かどうかを知らない人は、少なくありません。健康診断のように、自分のためにも大切なパートナーのためにも、検査を受けるのは大切です。

> **コラム**

府中青年の家裁判

中川 重徳

　1991年2月、「動くゲイとレズビアンの会（アカー）」が、東京都を被告として損害賠償を求める裁判を起こしました。アカーが東京都教育委員会の所管する施設「府中青年の家」で合宿をしたところ他団体から嫌がらせを受け、善処を求めると同時に次回の利用を申し込んだところ、使用不許可処分が下されたことが発端です。この処分の直前の段階で相談を受けた私は、東京都教育委員会に同性愛に対する強い偏見があると感じ、教育委員会事務局に電話をして、アカーの規約や資料を持参するので話を聞いてほしいと申し入れました。ところが、電話口の担当課長は、「規約ってこれから作るんですか？」、「本当は何をしている団体かわかりませんよね」、「青年の家を利用する目的も疑わしい」、「同性愛者が一緒にいるだけで他の子どもたちは悪影響を受ける」と言い放ったのです。そして、東京都教育委員会は、「同性愛者が同室に宿泊するのは、異性愛男女が同室に宿泊するのと同じだから認められない」として使用不許可処分を下しました。

　当時10代から20代が大半だったアカーのメンバーは、何度も話しあいを重ね、「何も悪いことをしていない自分たちが公共施設を利用できないのはどうしても納得できない」として裁判を起こすことを決めました。何のために裁判をするのかを徹底的に議論し、同性愛者の問題が芸能ネタではなく人権の問題であることを社会に訴える、裁判を通じて同じ若い同性愛者にエールを送る、という目標を立てました。訴状づくりは大変でした。弁護士が作る書面は、つい、「普通の異性愛者は」といった同性愛が「普通」ではないというニ

ュアンスの表現になったりして、延々議論を続けました。実名を公表して原告となることを決めた3人も、その時点では全員が周囲にカミングアウトしていた訳ではなく、泣き笑いのカミングアウト報告をみんなで聞きました。

　1991年5月の第1回期日、東京地方裁判所713号法廷の傍聴席は若い当事者で一杯になり、立ち見が認められる中、3人のメンバーが意見陳述をしました。法廷後の報告集会もアカー以外のさまざまな世代の当事者も応援にかけつけてくれました。やがて、メンバーの親も傍聴に来て、集会で応援のスピーチをしてくれるようになりました。裁判の過程で、それまで同性愛を「異常」などと記載していた『イミダス』、『広辞苑』や文部省（現在の文部科学省）の指導書に訂正を求め、実際に是正されるとそれを証拠として提出し、アメリカのサンフランシスコからはオープンゲイで教育委員を務めていたトム・アミアーノ氏を招いて、説得的な証言をしていただきました。

　1994年3月、東京地方裁判所は、東京都教育委員会の処分を違法とする判決を言いわたしました。判決は、「同性愛、同性愛者について」という章を設け、「同性愛は人間が有する性的指向の一つであり…（中略）…異性愛とは性的意識が異性に向かうものである」と、完全に価値中立的な言い方で同性愛を扱い、社会の間違った固定観念の中で当事者が孤立せざるをえない状況や、他方、医学・精神医学でもはや疾病と扱われず、アメリカのサンフランシスコなどでは、教育の場で当事者の生徒をサポートする取り組みも行われていることを紹介しました。東京都教育委員会の使用不許可処分については、東京都が主張した男女別室の論法ではなく、同性愛者が利用するとどんな不都合が生じるのか、果たしてそれが青年の家から排除しなければならないようなものなのかを真正面から論じ、そのような事実は認められないと、裁判所は明解に判断しました。

　1997年の東京高等裁判所判決も、「行政当局としては、その職務

を行うについて、少数者である同性愛者をも視野に入れた、肌理の細かな配慮が必要であり、同性愛者の権利、利益を十分に擁護することが要請されているものというべきであって、無関心であったり知識がないということは公権力の行使に当たる者として許されない。このことは、現在ではもちろん、平成二年当時においても同様である」として東京都の責任を認め、東京都は上告できずに判決は確定しました。

　インターネットも携帯電話も普及していない時代でしたが、自分が同性愛者ではないかと気づいた若者が、孤立し、自己肯定感を持ちにくい状況は、現在でも解消されていないと思います。ですが、「府中青年の家裁判」は、当事者が声をあげることで仲間の力が集まり、一見巨大に見える社会の壁も変えてゆくことができることを示した裁判だと思います。私は、法律家になったばかりの時期にこの事件と出会い、若い当事者たちと取り組んだこと、そして、新しい人権が勝ち取られていくプロセスの一端にかかわれたことをとても幸せに思っています。

chapter 7　職場編

1 | 就職時の履歴書に戸籍の性別を書かないと 犯罪になったり会社をクビになったりする？

Q 就職活動中の大学生です。私は、トランスジェンダーで、やっぱり履歴書に心の性別を書いて、仕事がしたいです。ただ、手術費用の問題などで性別の変更はしていません。法律上の性別と違うことを書くと、それが犯罪になったり解雇されたりしないのか心配です。

A 履歴書に法律上の性別ではなく、心の性別を書いたとしても、それだけでは犯罪になりませんし、会社が解雇することは難しいと思います。

性別欄の存在による悩み

　まず、「履歴書には性別を書け」といった法律はありませんし、「履歴書には法律上の性別を書け」といった法律もありません。ですので、それだけで犯罪になることはありません。ただ、ほとんどのエントリーシートや市販の履歴書には、性別を書く欄があり、そのたびに法律上の性別と心の性別のどちらを書くのか悩むことでしょう。戸籍とは違う性別を書くことで、「会社に嘘をついている」と思い、採用されたとしても、ばれたらどうしよう、会社にいられなくなるのではないかなど、不安になることも多いと思います。

詐欺罪にはならない

詐欺罪は、相手にお金などをわたさせるために嘘をついた場合に成立します。言い換えると、相手がお金を払う理由（たとえば、このサプリメントを飲めばやせる、この株を買えば儲かる、など）について嘘のことをいって、相手に誤解させて（たとえば、これでダイエットできる、これで儲かる、など）、お金などを払わせる場合に、詐欺罪になります。

法律上、履歴書の性別欄に法律上の性別を書く義務がない以上、心の性別を書くことが嘘をついていることにはならないので、詐欺罪にはなりません。また、文書を偽造した場合の犯罪（文書偽造罪）についても成立しません。

ばれたら解雇されるか

次に、解雇されないかどうかですが、解雇が認められるには、客観的で合理的な理由と、社会的相当性が必要です。たとえば、社長がその社員が嫌いだから解雇できるということではなく、会社のお金を盗んだなど、社外の人から見ても解雇は当然と思われるような悪質な行動があった場合でなければ解雇できません。さらに、その行動の理由や背景などを踏まえて、解雇が一番よいかどうかを考えて、決められます。

ここで、履歴書の記載が解雇につながる例を紹介します。履歴書には大学を卒業していると書かれているのに、実際は高校までしか卒業していなかったという経歴詐称の場合です。この場合、会社のルール（就業規則など）の中に、解雇されるケースとして「経歴を偽るなどその他不正な方法を用いて雇入れられたとき」と書いてあり、経歴は採用の重要な要素であって勤務態度もよくないとなると、解雇される可能性が高くなります。

では、性別欄の記載は経歴詐称のような問題になるのでしょうか。先

chapter 7 ● 職場編　　147

ほどの詐欺罪のところと共通しますが、心の性別を履歴書に記載することが嘘を書いているとはいえないですし、経歴が採用にとって重要な理由になりえるのとは違って、性別が採用の理由にならない一般的な職場であれば、このような履歴書の記載だけを理由に解雇することはできません。解雇の通知がなされれば、違法である可能性が高いです。

なお、男女雇用機会均等法では、募集・採用のときに性別を理由とした差別を禁止しています。履歴書に書かれた性別ではなく、別の性別であるとわかったから解雇するということが解雇の理由であれば、そもそも男女雇用機会均等法によって、解雇は認められないのです。

セクシュアル・マイノリティにフレンドリーな職場を探す

ここまで述べた通り、履歴書に法律上の性別を書かず、心の性別を書いて、それが後々わかったとしても、犯罪が成立することはないと思われますし、解雇が正当なものとして認められるのは簡単なことではないと思われます。とはいえ、履歴書に法律上の性別を書かなかった場合、職場でのトラブルが起きる可能性はありますし、就職先が社会保険に加入している場合、結局は法律上の性別を伝えざるをえないでしょう。

心の性別で働きたいという気持ちは、自然なものです。近頃は、セクシュアル・マイノリティを対象にした企業説明会を行っている会社や就職イベントもあります。採用された後の働きやすさも考えて、セクシュアル・マイノリティが実際に活躍している職場も、就職先の候補として探してみるのも１つの方法です。あなたの性別について、職場できちんとした理解が行き届いていることは、あなたにとっても、また企業にとっても望ましいことです。

148　　2 ● セクシュアル・マイノリティの暮らし

chapter 7　職場編

2 ｜ 制服のある職場で心の性別の制服を着るにはどうすればよい？

Q 戸籍の性別を履歴書に記載して正社員として就職したのですが、男女で異なる種類の制服がある職場に配属されました。これまでは我慢して、戸籍の性別の制服を着て仕事をしてきましたが、このままずっと働きつづけなければいけないと思うと、苦しくて仕方ありません。これからは心の性別のものを着て働きたいです。でも、戸籍の性別で就職したので、もしかしたら解雇されるかもしれないと思うと心配です。どうすればよいでしょうか。

A 上司に理由を説明し、更衣室など調整が必要なことがあれば環境を整えてもらいましょう。また、戸籍の性別の制服を着ないことだけを理由として解雇することは難しいです。

会社にどのように伝えるか

心の性別の制服を着て働きたいということですが、会社には、従業員を指揮命令する権限があります。そのため、従業員は、基本的には会社の指示にしたがわなければなりません。職場に男女別の制服がある場合、心の性別の制服を勝手に着たときには、会社の指示にしたがわないとして、注意や指導を受ける可能性があります。正当な理由がなく会社の指示にしたがわない場合には、さらに重い処分が下されるかもしれません。

ただ、法律で性別ごとの制服が決められている訳ではないので、会社が納得すれば心の性別の制服で働くこともできます。ですから、まずは、

149

会社に納得してもらうために、上司に心の性別の制服で働きたいことと、性同一性障害や性別違和の診断が出ているなどの理由を、丁寧に説明するところからはじめましょう。

そのときに、直接の上司が信頼できればよいですが、そうでなければ、理解をしてくれそうな人に相談することからはじめるのも、スムーズに進めるためには大切です。また、同じようなケースで、すでに対応している会社の事例などを探しておいて、その会社のことを説明しながら、うまくいっている状況を伝えると、納得をしてもらいやすくなるでしょう。

制服だけでなく、更衣室やトイレについても男女別ならば、心の性別にあった方を利用したいと思うでしょう。その場合には、他の従業員との調整をする必要があります。会社としては、あなたの要望だけでなく、他の従業員の意見にも耳を傾けなくてはなりません。そのため、すぐに対応してもらえないこともあるかもしれませんが、会社には制服の話と一緒に伝えると話が早く進むでしょう。

解雇される心配はない

ちなみに、戸籍の性別の制服で働かないことだけを理由にして、解雇することはできません。ただ、上司に話しても理解してもらえず、我慢ができずに会社の了解をえないまま心の性別の制服で職場に出た場合、会社に「お前はクビだ」といわれることもあるかもしれません。

会社が従業員を解雇するには、客観的で合理的な理由と、社会的相当性が必要です。そして、自分の性別についての認識は、人間の根幹にかかわるものなので、心の性別通りの制服を選ぶことはごく自然です。

過去にも似たようなケースがありました。性同一性障害の診断があり、女性ホルモンの投与を受けていたあるMtFが、女性のファッションで勤務しようとしたら、会社から注意を受け、「これに反発したら解雇」

だといわれたのです。このとき裁判所は、心の性別での生活が許されない苦痛や、心の性別で勤務することへの配慮がない会社の対応を問題とし、解雇が無効だと判断しました。

　もちろん、心の性別の制服で勤務したいと会社に相談することが正当な解雇の理由だと認められる可能性はとても低いので、心の性別の制服や心の性別の個人として働きたいということを、職場に丁寧に説明していくのがよいでしょう。

chapter 7　職場編

3 ｜ 職場に HIV 陽性だと知られたら辞めさせられる？

Q 私は最近、HIV に感染していることがわかりました。今後は定期的な通院が必要ですし、毎日決まった時間に薬を飲む必要があるので、HIV に感染していることを会社に伝えました。すると上司から、「病気がうつるから、飲み会には来ないでくれ」といわれたり、社長に呼び出されて「HIV 感染者を雇えない」といわれたりしてしまいました。辞めさせられるのではないか心配です。この会社で働きつづけられるでしょうか。

A 仮に会社があなたを解雇した場合、法律的に無効と判断され、今まで通り会社で働ける可能性が高いです。

会社は自由に解雇できない

　解雇とは、会社が労働者の合意なしに労働契約を打ち切って辞めさせることをいいます。会社が働いている人を自由に解雇することは許されていません。解雇をするためには十分な理由が必要ですし、解雇する理由があったとしても具体的な事情を踏まえた妥当な判断でなければなりません。そうでなければ、解雇は無効になります。解雇が無効であれば、今まで通り会社で働きつづけることができます。

HIV 感染は解雇の理由にならない

　それでは、HIV に感染していることを理由として、解雇することはで

きるのでしょうか。

1995年2月に労働省（現在の厚生労働省）が発表した「職場における
エイズ問題に関するガイドライン」には、「HIVに感染していることそ
れ自体は解雇の理由とならない」と書かれています。つまり、HIVに感
染していることは、解雇する理由にはならないのです。

実際に、HIVに感染したことを理由とした解雇が認められるかどうか
裁判で争われたこともあります。今回のケースのように、HIVに感染し
た社員がそのことを理由に会社から解雇されたのですが、裁判所はその
解雇は認められないと判断しました。

ですから、このケースでも、万が一解雇されてしまったとしても、そ
の解雇は無効になり、今後も今まで通り会社で働きつづけられる可能性
が高いです。

上司からの嫌がらせから逃れるには

今回、あなたは、上司から「病気がうつるから、飲み会には来ないで
くれ」といわれてしまいました。とてもつらい言葉だと思いますし、明
らかに差別発言です。

今回の解雇が無効だとしても、上司からこのような扱いを受けるので
あれば、この会社で働きつづけるのは嫌でしょう。何か方法はないので
しょうか。

ここでも参考になるのは、先ほどの「職場におけるエイズ問題に関す
るガイドライン」です。ガイドラインでは、会社に対して、職場で働い
ている人に対しエイズ教育を行い、エイズに関する正しい知識に関する
教育をすることを求めています。具体的には、「日常の職場生活におい
ては感染しないこと」や「職場における感染者やエイズ患者に対する不
当な差別の防止の必要性」について教育すべきであるとされています。

ですから、もしも上司からの嫌がらせが続くようであれば、ガイドラ

chapter 7 ● 職場編　　153

インのことを会社に伝えて、その上司がガイドラインに書いてあるような配慮をするようにしてもらいましょう。それでも会社が上司の嫌がらせに対して何もしてくれない場合は、上司だけでなく、会社に対しても、精神的につらい思いをさせたことをお金で償うように求めて、裁判所に訴えることもできます。

HIVに感染したとしても、きちんと治療を続けていれば、今まで通り仕事をすることができます。不利益な扱いを受けることなどあってはなりません。会社から不利益な扱いを受けてしまったとしても、自分の中だけで我慢して、心を壊してしまうようなことはしないでください。社内だけでなく、社外の味方を増やすことも1つの方法です。

解雇ではなく退職をすすめられたときの対応

解雇の場合は無効なので、今まで通り働きつづけることができますが、自分から退職する場合には注意が必要です。

会社は、解雇だと法律的に無効になるかもしれないので、社員から辞めたことにしようと、辞めるように強引にいってくることがあります。さまざまな嫌がらせを受けることも多いので、耐えられずに退職することもあります。しかし、会社の望む通りにする必要などありません。働きつづけたいのなら、「辞めたくない」とはっきり伝えてください。

ただ、退職のすすめを断った場合、嫌がらせがさらに激しくなることも予想されます。この場合は、1人で対応するのは難しくなるでしょうから、たとえば会社の労働組合、地域や職域ごとのユニオン（労働組合）や弁護士を活用してみることをおすすめします。退職のすすめを断って闘うのか、退職を受け入れるのかなど、どのように対応するかは、すべてあなた自身で決めてよいことです。

再就職先を探す場合

　会社から「クビだ」といわれたり、退職をすすめられたりした結果、職場で働きにくくなり、仕方なく会社を辞めてしまうこともあるかもしれません。そのような場合、再就職先を探さなければなりません。

　再就職のときに、障害者雇用で就職する以外の場合には、HIVの陽性者であることを会社に伝える必要は原則としてありませんので、自分の体調や自分なりの働き方にあわせて再就職先を選びましょう。

　また、ハローワークには、スキルアップのためのプログラムがあったり、また最近では、HIV陽性者のための就職支援の取り組みもはじめられたりしています。NPOや行政などによるセミナーなどのイベントに参加すると、よい情報がえられることもあるでしょう。もし、ハローワークに問いあわせがしづらければ、この本の最後にある「相談機関一覧」の中で自分が話しやすそうなところに連絡してみましょう。

chapter 7 ● 職場編　　155

chapter 7　職場編

4 | 同性のパートナーとの結婚式を理由に、慶弔休暇は取れる？

Ⓠ 私は長年同居している同性のパートナーと結婚式をあげる予定です。私が勤務する会社の就業規則では、「社員が次の各号の一に該当する事由により休暇を申請した場合は有給の慶弔休暇を与える」、「一　本人結婚のとき　5日」と定められています。今回、パートナーとの結婚式にあたって、慶弔休暇を取得できるでしょうか。

Ⓐ 社内で前例があるなどの特別な事情がある場合を除き、必ず取得できるとはいえません。会社と相談・交渉することが必要です。

社員の権利として取得できるか

　同性パートナーとの結婚式に関して慶弔休暇を取得できるかどうかは、慶弔休暇制度の中身によるので、まずは慶弔休暇の取得条件を確認する必要があります。

　雇用契約上の権利として取得できるかどうかは、最終的には就業規則や雇用契約書に基づいて判断されます。就業規則や雇用契約書でどのように記載されているかを確認しましょう。また、差別禁止や従業員のダイバーシティについてのポリシーがある場合は、それらも確認しましょう。慶弔休暇の取得条件は、通常は人事部や総務部の担当者に確認すれば教えてもらえますが、会社が就業規則を見せてくれない場合は、法律上、就業規則は社員に周知しなければならないことになっていますので、

そのことを会社に指摘して見せてもらってください。

　就業規則や雇用契約書で同性パートナーとの結婚式に関して慶弔休暇が取得できると書かれている場合や、明記はされていなくても前例が社内にある場合は大丈夫です。

　また、就業規則や雇用契約書に書かれていない場合で、社内で前例がなくても、差別禁止や従業員のダイバーシティについてのポリシーがあり、そのポリシーの中で性的指向による差別が禁止されていれば、慶弔休暇を取得できる根拠になりうるので、会社と交渉してみましょう。

会社が取得を認めてくれない場合

　残念ながら、これらのいずれの場合でもない場合は、担当部署の判断になるので、人事部や総務部に相談することからはじめるしかありません。

　2015年4月から、東京都渋谷区で同性パートナーシップ条例が施行されました（chapter 2－3を参照）。この条例の7条2項では、「事業者は、男女平等と多様性を尊重する社会を推進するため、採用、待遇、昇進、賃金等における就業条件の整備において、この条例の趣旨を遵守しなければならない」と定めています。そのため、東京都渋谷区にある会社が慶弔休暇やその他の福利厚生について、セクシュアル・マイノリティにまったく配慮しない場合は、条例違反になる可能性もあります。同様の条例がある地域で働いている場合には、こうした条例の内容も伝えながら、会社に説明していくことも考えられます。

　ちなみに最近では、従業員のダイバーシティに積極的に取り組む企業を中心に、福利厚生の対象者をセクシュアル・マイノリティとその家族にも拡大する企業が出てきました。たとえば、日本アイ・ビー・エムでは、2011年から結婚祝い金の対象を事実婚にも広げ、同性のパートナーにも支給しています。ラッシュジャパンでは、2015年から結婚祝い金や

結婚休暇などの制度を同性間のパートナーにも広げています。ダイバースでは、事実婚や同性パートナーとの同居を届け出る「パートナー届け」制度を作り、法律婚の夫婦と同じように、結婚、育児、介護などの特別休暇や慶弔見舞金の対象となりました。ゴールドマン・サックスでは、社員が事実婚関係にあるパートナーを、性別にかかわらず「ドメスティック・パートナー」として認め、看護休暇などを認めています。

　もしも会社が交渉そのものに応じてくれない場合は、会社や地域や職域ごとの労働組合に加入して、労働組合から改善を求めて団体交渉を申し入れる方法もあります。法律上、労働組合から労働条件の改善について団体交渉を申し入れられた場合は、会社を交渉の席につかせることができます。その上で、会社を説得するということになります。

　もしくは、損害賠償を求めて訴訟を起こすという手段も考えられます。ただ、勝訴することができるとは限らない、多大な時間がかかる、何より精神的な負担も大きいといった問題点もあるので、専門家の意見も踏まえて、慎重に判断することが必要ですし、支援者が周囲にいることも重要でしょう。

コ ラ ム

ある 50 歳代ゲイのライフヒストリー

永野 靖

「女っぽい」ことへのコンプレックス

　小学校の頃、私はおとなしい男の子で、男の子の乱暴な遊びに入っていくことができず、仲のよい 2 人の女の子とよく遊んでいました。高学年になると多くの男の子は野球をするようになるのですが、私は野球は大嫌い。大好きだったのはバレーボールで、当時流行っていた「アタック No.1」、「サインは V 」といった女子バレーマンガを夢中になって見ていました。

　女の子と遊ぶ男の子はよくバカにされます。私の場合も、同級生から「こいつ、女みてえでやんの」とはやされたり、近所のおばさんから「男の子はみんな野球をしているのに、靖君は変わっているのね」といわれたりして、「女っぽい」男がバカにされるのだという事実はしっかりと私の心に刻み込まれました。女の子と遊んでいても、どこか負い目を感じながらであり、いつまたバカにされるかもしれないという不安が心のどこかにありました。そのため、中学校に入って環境が変わったら「男らしくなろう」と、いつしか深く心に決めていたのです。

　中学校は地元から離れた中高一貫の男子校だったので、心機一転生まれ変わるには好都合でした。言葉づかいをできるだけ男言葉に変え、スポーツで体を鍛えたり、座り方やカバンの持ち方などのちょっとした仕草も男っぽくしようと意識したりしました。そうした「努力」の甲斐あって、どこかしっくりこない感じはありましたが、表面上はやさしいタイプの男という程度に自分を「直す」ことはできました。

しかし、どうしても使えなかった男言葉があります。それは「俺」という1人称です。無理して「俺」といおうとしても、自分が自分でないような気がして、とても強い違和感があり、どうしても使うことができませんでした。とうとうある日、友人から「こいつ、俺っていわないよなあ」といわれてしまいました。その友人は軽い気持ちでいったのでしょうが、私にとっては気にしていたことをズバリ指摘されて、足元が崩れ去っていくような衝撃でした。その日以来、私はなるべく1人称を使わないで話すようにしました。そして、会話が1人称のところに来るたびにノドが詰まるような思いをしてきたのです。

同性愛であることの気づきと衝撃

　思春期のいわゆる性に目覚める頃になっても、私は女性に性的関心を持つことがありませんでした。同級生たちは女性のヌード写真を回し見して喜んでいましたが、私は何がおもしろいのかさっぱり理解できず、自分は性に関しては奥手なのだということで自分自身を納得させていたのです。しかし、私の性的欲求は確かに男性に向かっていました。かっこいい上級生に目が行っていましたし、プールでたくましい水泳選手の体に見とれていたりもしました。それでも、自分の性的欲求が男性に向かっているのだという自覚はなかなか生まれませんでしたし、まして自分が同性愛者なのだとは夢にも思いませんでした。当時の私にとって、同性愛者、ゲイ、ホモといった言葉で思い浮かべるイメージは、女装している人や特殊なセックス愛好家というものでしたし、同性愛に関する正確な情報はまったくなく、自分の性のあり方に同性愛という言葉をあてはめることなど到底できなかったのです。そんな私も、高校2年生位になると、どうも自分は周りのみんなとは違うようだとうすうす気づきはじめ、とうとう自分は同性愛者なのだと明確に気づくにいたります。そのときは不治の病を宣告されたような衝撃でした。自分は、あの「変

160　　2 ● セクシュアル・マイノリティの暮らし

態性欲者」である同性愛者なのですから。

自分以外の同性愛者とどうしたら会えるのかわからない

中学校・高校と男子校だったので、大学に入って女性と日常的に接触するようになれば、女性を好きになることもあるかもしれない、そんな淡い期待もありましたが、男性に性的欲求が向かっているという私の性のあり方は大学に入っても変わりませんでした。大学でも同性愛に関する情報はまったくありません。心理学や精神分析の本を読んでも、同性愛者は「異常性欲」、「性的倒錯」として語られており、ますます混乱するばかり。自分以外の同性愛者とどうしたら会うことができるのかまったく見当もつかず、私は途方に暮れていました。

そんな中で、大学2年生の頃、初めて同性愛に関する肯定的な情報に出会います。それが「宝島」という雑誌に掲載されていた大塚隆史さんのゲイリブの考え方を紹介した文章です。その文章で私はカミングアウトという言葉を知りました。一方で、本当に信用できる人なのかという警戒心がとても強かったので、その文章に載っていた連絡先住所に手紙を出すことはできませんでした。こうして自分以外の同性愛者に出会うことができないまま、私は大学を卒業し、銀行に就職しました。

自分以外のゲイとの初めての出会い

銀行に就職して2〜3年後、このままじゃいけないと思い立って、学生時代の信頼していた先輩に手紙で自分が同性愛者であることを打ち明けました。大塚さんの文章に励まされながらも、受け入れてもらえるかどうか不安で、大塚さんの文章に出会ってからカミングアウトを決意するまでには数年かかった訳です。しばらくすると、その先輩が心のこもった返事とともに、何と「薔薇族」と「アドン」というゲイマガジンを送ってきてくれたのです。当時の出会いの手

段である文通欄はこわくて使えなかったのですが、ゲイの権利について考えるという「IGA日本」という団体の記事があり、そこなら真面目な人がいるかなと思い、数か月間迷った末、思い切って連絡を取り、ミーティングに参加してみることにしました。身元のわかるものは一切持たずにドキドキしながら事務所を訪ねてみたところ、そこにはどこにでもいるような「普通」の人たちがいました。その日が私の自分以外の同性愛者に出会った初めての日です。

自分の性のあり方を受け入れる

その後、私は「動くゲイとレズビアンの会（アカー）」という団体の活動に参加しました。アカーのメンバーとゲイとしてのライフヒストリーをお互いに語りあったりして、私は同性愛という自分自身の性のあり方を少しずつ受け入れていきました。ある日の話しあいで、女っぽいとバカにされたり、俺という1人称を使えないことに悩んだりという共通の経験を持つメンバーもたくさんいることがわかり、私1人ではないことを知ってとても気持ちがいやされたことを今でも鮮明に覚えています。そのとき以来、私は自分にとって楽な言葉づかいや仕草を取り戻していきました。

私は1959年生まれです。確かに最近では、私の世代よりは同性愛に関する正しい情報を入手しやすくなりました。しかし、同性愛者は異性愛者の両親から生まれますので、自分以外の同性愛者がどこにいるのかがわからないという孤立した状態から出発することは、今でも変わりません。同性愛に関する世の中の偏見や無理解があり、学校でも家庭でも同性愛について正しい知識を教えられない中で、自分自身が同性愛であると気づき、それを受け入れるのは大変なことです。もしかして、あなたの悩みと私の経験に共通するものがあることで、あなたが「自分1人ではない」と知って少しでも気持ちが楽になるのであれば、とてもうれしく思います。

chapter 8　共同生活編

1 ｜ パートナーと結ぶ共同生活契約ってどういうもの？

Q 一緒に暮らしはじめて1年になるレズビアンカップルです。ずっと仲よく暮らしていこうね、と話をしていますが、将来を考えると心配です。経済的なこと、どちらかが病気になってしまったときのことなどを考えると不安が尽きません。また、結婚できない私たちの関係には、危うさのようなものも感じてしまいます。ちょっとした出来事や、些細なケンカだけで関係が壊れてしまうのでは、とも考えてしまいます。どうすれば安心できる関係になれますか。

A 契約書を作る方法があります。さまざまな不安を話しあい、約束事を決めて、2人の関係を文書にします。

共同生活の合意書

　同性カップルが同居をはじめても、婚姻関係なら保障されるような制度を使えなければ、生活上のさまざまな心配を抱えてしまいます。

　生活費をどうするのか、もし一方が病気になったり事故に遭ったりしたらどうするのか、あまり考えたくはありませんが、浮気や別れた後の住まいのことなど、不安は尽きることがありません。将来を約束しあい、助けあい、深い愛情を持って一緒に暮らしていても、日常生活の不安や将来の不安を抱えながら生活するカップルは多いです。

　そこで、契約書を作るという方法があります。2人が共同生活を送る上での不安や約束事を話しあい、文書の形にするのです。

この契約は、主に共同生活における経済的、事務的な協力関係について決めて、お互いに合意するものなので、契約書には、「共同生活の合意書」などといったタイトルがつけられます。

契約書には何を書けばよいのか

それでは、合意する約束事にはどういったものがあるでしょうか。家事の分担などの日常的なルールや財産管理、療養看護などの決め事が主な内容です。ここで実際に、レズビアンカップルの祐子さん（契約書では、「A」とします）と由紀さん（契約書では、「B」とします）が作成した契約書の内容を見てみましょう。

まず、契約書前文には「AとBは、共同生活を営む上で以下の通り合意した」とし、契約の趣旨として「AおよびBは、大切な人生のパートナーとして認めあうにいたり、親密な関係を築き共同生活を営んできたが、将来に向けて安定的な生活を維持するために、本合意を結ぶものである」としました。

そして、共同生活についての心構えとして、次のような文章も入れました。「AおよびBは、共同生活にあたり、互いの信頼に応え、誠実に行動し、助けあい、尊重しあうよう努めることとする」、「AおよびBは、生活上、健康上、仕事上、その他の不安な事柄を抱える相手に配慮し、誠意をもって解決できるよう協力するものとする」。

次に、生活費の取り決めです。このカップルは祐子さんが職を失ったところで、由紀さんが家計を支えていました。そこで、「共同生活に要する生活費は、ABの資産、収入その他一切の事情を考慮して費用を分担する」、「円滑な共同生活を営むことができるよう、一方の資産・収入が不足する場合は、他方が不足分を補うものとする。ただし一方の不足の原因が責めに帰すべき事由の場合はこの限りではない」という文章を入れました。たとえば、ギャンブルによる浪費で不足した場合などがこ

164　　2 ● セクシュアル・マイノリティの暮らし

の事由にあたります。この取り決めで、祐子さんは安心して次の仕事を探すことができました。

さらに、家財についてです。それぞれが持ち寄ったり購入したりしたものは、各自の財産とし、一緒に買いそろえた家具や電化製品は共有財産と決めました。

祐子さんと由紀さんは、若くて健康でしたが、どちらかが病気になった場合のことも心配されていました。相手が病気や事故によって、療養が必要な状態になった場合、相手の意思を尊重し、身上に配慮して看護をすること、病状・治療方法などについて医師などから説明を受けること、そして自分に療養が必要になった場合は、説明を受ける権限を相手に与えることなどの意思を、契約書に示しました。

また、もしも一方が正常な判断能力をなくしてしまった場合には、医師または医療関係者から、その治療方法、治療場所などについて説明を受け、これに同意を与え、または拒絶する権限を与える意思も、加えました。

婚姻関係にないパートナーは、家族と見なされず、医療の現場からはじき出される心配もあります（chapter 8 − 13を参照）。この2人は大切なパートナーへの思いをこめて、この文章を契約書に盛り込み、万が一のときに支えあえるようにしました。

その他、家事の分担や、双方の親族とのつきあい方、不幸にして別れてしまった場合の契約の解除、財産のわけ方、飼い猫の引き取りなどについても、取り決めをしました。

2人で話しあうことが大切

この契約内容は一例です。カップルによってさまざまなライフスタイルがあるでしょう。賃貸か持ち家か、家事の分担、収入、健康状態、また親との同居が必要なこともあるでしょう。2人の関係性を話しあい、

chapter 8 ● 共同生活編　　165

未来をイメージし、2人の自由な思いを形にするのが契約書です。何をどうしたいのか、どうしてほしいのか、不安なことは何か、などをじっくりと話しあうことからはじめましょう。

ただし、一方に過度な負担を強いる内容は避けるようにしましょう。

また公序良俗に反する内容のものは契約の有効性が問われる可能性もあります。性行為に関することを取り決める場合などは、特に注意が必要です。

契約書を作成するときは、2人で考えた上で、法律の専門家に依頼し、法的に有効な契約書にしてもらうのが一般的です。セクシュアル・マイノリティに理解があり、契約書の作成をサポートしてくれる専門家も増えてきました。

とはいえ、契約書はあくまで2人の約束事です。2人のパートナーシップを公に認めさせるような効力はありません。しかし、2人が一緒に生きていくことの証ができた、お互いの責任を意識するようになった、2人の絆が強くなった、というカップルもいます。そして、親にカミングアウトをするときに2人の関係性を理解してもらうのに役立った、というカップルもいます。

同性カップルを結婚に相当する関係と認め、パートナーとして証明書を発行する条例が東京都渋谷区で成立するなど、同性カップルを支援する動きも出てきました（chapter 2－3を参照）。この条例では、共同生活の合意契約が公正証書により交わされていることが、証明書を発行できる条件となっています。2人で作った契約書が、公正証書を作成する際の土台としても活用できるでしょう。

chapter 8　共同生活編

2 ｜ パートナーと一緒に部屋を借りたり 家を買ったりできる？

Ⓠ 私とパートナーは、老後に備えて一緒に生活することになりました。これまで住んでいた部屋は手狭なので、新しく部屋を借りるか、マンションを購入するつもりです。２人で部屋を借りることはできますか。もし、ローンを組んで購入するとしたら、私とパートナーの共有名義にすることができますか。また、パートナーと一緒に住むと住民票はどうなりますか。

Ⓐ 最近は、２人で部屋を借りられる物件も増えてきました。住宅ローンを組んで共有名義で買うことはまだまだ難しいのが現状です。住民票は別世帯となります。

２人で部屋を借りる

　部屋を借りるときに結ぶ契約は、家主と入居者の合意があれば成立します。しかし、法律上は可能でも、親族関係にない２人が連名で契約することは、家主の同意がえられにくいのが実情です。
　そのため、多くの同性カップルが、片方を名義人として契約を結んでいます。しかし、この場合でも、「２人入居可」となっているのに、同性同士の同居であることを理由に、不動産業者を通じて契約を断られ、住みたい部屋に入居できなかった、という声も多く聞かれます。また、仮に契約を結ぶことができたとしても、２人の関係を「友人」と偽らなければならないことも多いようです。ただ、このような現状は、家主や不動産業者のセクシュアル・マイノリティに対する無理解が原因です。

具体的な物件探しの方法として、UR（独立行政法人都市再生機構）の
ハウスシェアリング制度を利用すれば、親族関係のない２人でも、連名
で部屋を借りることができます。同性カップルの同居という理由で、入
居を断られることもありません。また、礼金、仲介手数料、更新料、保
証人が不要というメリットもあります。また最近は、LGBTフレンドリ
ーな不動産業者もありますので、そのような業者を利用する方法もあり
ます。

マンションのローンはどうなるか

　マンションなどの不動産を購入する場合、住宅ローンを組むことが一
般的です。住宅ローンの借入額は、借りる人の収入額によって決まるの
で、もし同居する２人の収入額をあわせることができれば、より多額の
ローンを組んで、高額の物件を購入することができます。

　銀行などの金融機関は、このようなニーズに応えて、法律婚の夫婦や
親子向けに、夫婦や親子がそれぞれ住宅ローンを組むことで借入額を増
やすことができる「ペアローン」というサービスを提供しています。こ
の場合、不動産の名義は夫婦、親子の共有名義となります。

　ところが金融機関は、同性のカップルに「ペアローン」の利用を認め
ていません。そのため、同性のカップルの場合、カップルの一方がマン
ションの購入者となり、購入者の名義で住宅ローンを組みます。金融機
関は、マンションを担保に取りますから、建物の名義もその購入者の名
義にならざるをえません。たとえカップルの内部でローンの負担を折半
していたとしても、金融機関の同意がえられないため、ローンを完済す
るまでは登記を共有名義に変更することはできません（もちろん、マン
ションを現金で購入するなら、このようなことは生じません。その場合は、
最初からマンションを共有の名義にすることができます）。

　なお、同性のカップルが同居を解消する場合、カップルのうち住宅ロ

ーンを契約している人が住居に残り、ローンを支払っていくことが多い
でしょう。このとき、住居に残る人が、マンションという資産を1人で
えることになるので、出ていく人に対してこれまで支払った額をどう精
算するかという問題が生じます。特に、ローンの残額が少なくなってい
る場合に、問題になります。家を出る人も、それまでにその家で暮らし
てきたのですから、返済金からこれまでの利用分（家賃のようなもの）
は当然差し引かれるでしょう。同居関係を解消するときのトラブルを避
けるためには、住宅を購入する前に、精算の仕方を2人で話しあって書
面に残した上で、ローンを負担した記録（通帳など）を残しておきまし
ょう。

住民票はどうなるか

　住民票とは、住民の居住関係を公に証明するために市町村が作成する
書類です。住民票における「世帯」になるには、住まいと生計をともに
する必要があります。同居している同性のカップルも、生計をともにし
ていない場合は別世帯となり、住民票も別々となります。これに対して、
パートナーの一方に収入がないためもう一方のパートナーに扶養されて
いる場合など、生計をともにしていると認められる場合は、「世帯」と
認められています。

　ただ、同一世帯とされる場合でも、世帯主との続柄については、同性
のカップルの場合は、「同居人」とする扱いがほとんどです。一方で、
事実婚の男女の夫婦の場合は、世帯主との続柄に、「夫（未届）」、「妻（未
届）」と記載されます。ただし、同性同士で結婚できる外国ですでに婚
姻届を出している場合には、続柄を「縁故者」とすることができます。
日本国籍同士のカップルでも、生活実態によっては、「縁故者」とする
ケースもあります。

chapter 8 ● 共同生活編　　169

chapter 8　共同生活編

3 | 外国人パートナーが日本で暮らすための在留資格はどうなっている？

Ⓠ ゲイの社会人男性（日本国籍）です。数年前に短期留学先のカナダで知りあったカナダ人男性と遠距離恋愛をしていますが、今年カナダで法律上の婚姻関係となり、一生のパートナーとして一緒に暮らそうということになりました。パートナーが仕事を辞めて日本に来てもいいといってくれていますが、外国人のパートナーが日本で暮らしつづけることはできますか。パートナーに日本での仕事が見つからないと無理ですか。

Ⓐ 日本で暮らしつづけるには、パートナーは有効なパスポートを持っているほか、ビザを取得する必要があります。日本で仕事があることは、必須ではありません。

多種多様なビザ

　外国人が長期で継続的に日本に滞在するためには、入管法に基づき、有効なパスポート（旅券）を持っていることに加え、原則としてビザ（在留資格）が必要です。ビザにはたくさんの種類があり、大まかにいうと、仕事をしてもよいビザ、仕事ができないビザ、日本での活動に特に制約がないビザなどがありますが、長期の滞在で、日本で仕事もしたいということであれば、仕事をしてもよいビザの中で、適切なビザを検討することになります。仕事をしてもよいビザの中にもたくさんのカテゴリーがあります。たとえば、教師、作曲家などの芸術関係、宣教師などの宗教関係、経営者、調理師などの専門職の仕事、本国の会社から日本に転

170　2 ● セクシュアル・マイノリティの暮らし

勤するビジネスマン、IT技術者など、仕事の種類や専門性によって分類されます。また、ビザの有効期間も、たとえば、1年、3年、5年といったようにビザの種類によって異なります。

働かない場合でも滞在可能

仕事をしないで日本に長期間滞在したい、たとえば、パートナーがまずは日本の学校で日本語を学びたいということであれば、「留学」というカテゴリーでビザを取得することも可能です。

もし、日本になじめるかどうかわからないし、仕事が見つかるかどうかもわからないから、とりあえずは短期滞在で考える、ということであれば、ビザが免除される場合もあります。通常、観光や知人の訪問などを目的とした90日以内の滞在で、日本で報酬をえる仕事につかなければ、かなりの国の出身者の人がビザなしで日本に滞在することができます。

配偶者？ 家族？

たとえば、日本人と外国人の異性間カップルが結婚をしていれば、この外国人は、日本で仕事があるか、学校に通っているかを問わず、「配偶者」としてビザの発給を受けることができます。しかし、現在のところ、入国管理局で作成している「入国・在留資格審査要領」によると、「配偶者」には、「外国で有効に成立した同性婚による者」は含まれないとされています。したがって、同性パートナーの場合は、たとえ同性婚が認められている国で同性婚をしていても、外国人パートナーが「配偶者」としてビザの発給を受けられるということにはなっていません。

ただ、最近の動きとして、海外で同性婚をしている人については、「特定活動」ビザが取得できる可能性が出てきました。しかし、「特定活動」ビザについては、法務省の担当課によると、外国人同士の同性カップル

chapter 8 ● 共同生活編　　171

を想定しているということです。日本人と外国人のカップルで同性婚を
している場合の外国人にも、「特定活動」によるビザが発給されるかど
うかは、今のところ不明です。

本人の事情にもよる

　結局、パートナーがどのような仕事をしているのか、日本に来て何を
したいと考えているのかなどに応じて、ビザの必要性、適切なビザの種
類や滞在できる期間、その後の更新の可能性も異なってきます。またパ
ートナーの個人的事情（たとえば、過去にドラッグを使って逮捕された
ことがある、以前に日本から国外退去になったことがある、など）によっては、
ビザが認められない場合もあります。

　ビザは複雑で、本人の事情によって個別に判断していく必要がありま
す。行政書士などの専門家を活用して、ビザを取得するという方法も1
つです。

chapter 8　共同生活編

4 | 外国でした同性婚は日本の中では効力がある？

Ⓠ 私は同性のパートナーと、同性婚が認められているカナダで結婚しました。私は日本人で、パートナーはカナダ人です。私たちはカナダで長い間暮らしていたのですが、私の親の介護のために、日本に戻ることを予定しています。カナダでは私たちは「ふうふ」（夫夫、婦婦）として法的に認められています。日本国内でも私たちは「ふうふ」として法的に認められますか。同性間のパートナーシップの場合はどうでしょうか。

Ⓐ 日本人が外国で同性婚をしたとしても、現状では、日本国内では「ふうふ」として法的に認められません。ただ、同性間のパートナーシップの場合であれば、認められる可能性はあります。

外国で同性婚をした場合の日本国内での取り扱い

　現在、日本では同性婚は認められていません。そのため、同性婚が認められているオランダ、カナダ、アメリカなどの国へ行って同性婚をする人は少なくありません。カナダでは日本人同士による同性婚も認められています。それでは、外国でした同性婚は、日本国内でも結婚として認められるでしょうか。

　結論から述べますと、残念ながら、日本国内では結婚としての効力はなく、「ふうふ」として法的には認められません。

　そもそも外国で正式に認められた結婚であったとしても、そのまま日本国内でも正式な結婚として認められる訳ではありません。異性同士で

あれ、同性同士であれ、日本人と外国人が外国で結婚した場合、日本国内でも結婚として認められるかどうかは、結婚した当事者それぞれの国の法律において、結婚として有効に成立している必要があります。

たとえば、アメリカ人とカナダ人の同性カップルがカナダで同性婚をしたとして、仕事の都合で日本に移り住んだとします。アメリカとカナダでは同性婚が認められているので、日本でも外国の法律が適用されて、「ふうふ」として法的に認められます。ただし、在留資格は、「配偶者」として認められません（chapter 8 − 3 を参照）。

他方、あなたたちの場合は、結婚相手である同性パートナーの国では同性婚が認められていたとしても、日本では同性婚ができないため、日本国内では正式な結婚としては認められません。また、日本人同士がカナダなどで同性婚をしたとしても、同じことになります。

ですので、日本国内においては、あなたとあなたのパートナーは法律上は独身として扱われることになります。

ただ、結婚していない異性でも、関係が長期間継続していた場合、結婚に準ずる関係である内縁や事実婚などについては、法的な保護が認められます。同性カップルの場合も、これと同じように扱うべきだという考え方もあります。

日本の裁判所での離婚の手続

外国で結婚した場合、離婚も外国でしなければならないという訳ではありません。日本国内で、離婚をすることができます。

しかし当たり前の話ですが、離婚というのは、結婚が有効に成立していなければ、することはできません。あなたたちの間で離婚について争いがあるとしても、日本で結婚が有効に成立していない以上、日本の裁判所はあなたたちを判決で離婚させることはできません。また、同じ理由で、お互いに離婚に同意したとしても、日本で協議離婚をすることが

できません。ですので、海外で行った同性婚の場合、離婚をするために
は、同性婚をした国で離婚手続をする必要があります。日本のように協
議離婚を認めている国は、世界では少数ですので、離婚するために思わ
ぬ時間や労力がかかることも考えられます。離婚を考えて結婚する人は
ほとんどいないでしょうが、外国で同性婚をする際には十分気をつけま
しょう。

同性間パートナーシップの場合

　欧米諸国を中心に、いわゆる「登録パートナーシップ」と呼ばれる制
度があります。登録パートナーシップとは、公的な機関に登録すること
で、結婚に似た関係が生じる2人のパートナーシップの総称です。

　この登録パートナーシップは各国で内容がさまざまです。同性同士で
しか利用できないものや異性同士でも利用できるものもあります。また、
相続の権利など結婚とほぼ同等のものもあれば、結婚よりも制限されて
いるものもあります。

　外国で行った登録パートナーシップの効力が日本で認められるかにつ
いては、日本の法律には定められていません。このことが裁判などで争
われたこともないようで、裁判所の考えもわかりません。そのため、外
国で行った登録パートナーシップが日本でも効力を認められるかについ
ては、いくつかの考えがあります。登録パートナーシップを同性婚と同
じように考えると、結論も同じになります。しかし、諸外国では登録パ
ートナーシップと結婚は別のものとして作られました。その趣旨を踏ま
えて、登録した国の法律で有効ならば、日本でも登録パートナーシップ
を有効なものとして扱うという考えもあります。このように、外国での
登録パートナーシップが日本国内でも認められる可能性はあります。

chapter 8 ● 共同生活編　　175

事実上の効果

　ここまでのように、外国で有効に成立している同性婚であっても、日本国内では無効とされ、同性カップルの保護がなされていません。ただ、外国で同性婚をしているという事実は、2人の関係が日本の男女の結婚と変わらない位、実質的に結婚しているということを示すものです。これは、日本でも同じです。

　最近、東京都渋谷区や東京都世田谷区で同性間のパートナーシップ証明の制度ができ、他の地方自治体も同様の制度を作ることを検討しています（chapter 2－3を参照）。地方自治体が発行するパートナーシップ証明書には、相続などの法的な効力はありません。しかし、同性カップルの区営住宅への入居、携帯電話の家族割引サービスの適用、生命保険金の受取人の同性パートナーへの拡大など、同性カップルとして尊重される動きが社会にも生まれてきています（chapter 8－2、chapter 8－5、chapter10－6を参照）。

　このような社会の動きを踏まえると、外国で同性婚をしたカップル、または外国でパートナーシップを登録したカップルに対しても、日本の男女の結婚と変わらないカップルとして尊重されることが十分に期待されます。たとえば、2人の信頼関係を壊す行為をしたり、一方的に関係を終わらせた場合に、相手に対する慰謝料請求が認められたり、関係を解消する際に日本の結婚の財産分与の考えが使われたりするなど、男女の内縁や事実婚と同じように考えられる可能性はあります。

chapter 8　共同生活編

5 ｜ 民間企業の「家族割サービス」を自分たちも使える？

(Q) 私は今、同性のパートナーと同居して生活しています。先日、
携帯電話の利用料金の話になり、家族割引サービスを受けたい
ということになりました。それはできるのでしょうか。また、
他の企業のサービスでも、家族割引サービスを受けることはで
きるのでしょうか。

(A) 2015年の東京都渋谷区の同性パートナーシップ条例などの動き
を受けて、同性パートナーであっても、同居していれば、家族
割引サービスが受けられるケースが増えています。

家族割引サービスが受けられるようになってきた

　携帯電話の利用は、利用者と携帯電話会社という民間同士の契約です。
そのため、利用料金の家族割引サービスも含めた料金体系は、契約自由
の原則（chapter 5－2を参照）があるため、誰と契約するかやどのよ
うなサービスを提供するかの自由が、携帯電話会社にあります。一方、
同性パートナーは家族なので、自分たちも家族割引サービスを使いたい
というのは自然な考えでしょう。ここでは、携帯電話会社が、家族割引
サービスについて、どのような家族関係をサービスの対象としているの
かを見ていきます。

　まず、大手携帯電話会社のうちの2社は、同一住所に住んでいれば、
異性同士でなくても、つまり同性パートナーであっても、家族割引の対
象としています。具体的には、契約時に、免許証などの身分証明書や住

177

民票で、住所が同じであることを確認します。さらに、大手のもう1社も、東京都渋谷区のパートナーシップ証明のような地方自治体が発行する証明書が確認できれば、家族割引サービスが受けられるようになりました。

　これにより、大手携帯電話会社については全社が、同性パートナーであっても、同居していれば、家族割引サービスが受けられます。

多様な家族が社会的に認められてきた

　東京都渋谷区の同性パートナーシップ条例は、国の法律を変更するものではなく、あくまで地方自治体の取り組みであるため、その効果には限界もありますが、このように同性パートナーを含む多様な家族の形を認めるきっかけの1つになっています。家族割引サービスは、携帯電話だけでなく、飲食店や旅行などのさまざまな場面でありますが、多様な家族の形が認められる動きは、今後も進んでいくでしょう。

chapter 8　共同生活編

6 | 結婚の代わりに養子縁組の手続を使うとどうなる？

Ⓠ 私は女性で、つきあっているパートナーの恵美と一緒の戸籍に
入りたいと思っています。今の日本では同性愛者は結婚できま
せんが、養子縁組という方法があると聞きました。養子縁組を
すると、私たちはどのような関係になるのでしょうか。お互い
の家族に知られずに養子縁組できますか。また、もし恵美が、
仮に外国人の場合であったとしても養子縁組はできますか。

Ⓐ 養子縁組をすると、戸籍が同じになります。養子は養親の苗字
を名乗り、扶養などの権利や義務が発生します。外国人のパー
トナーとも養子縁組ができる場合があります。

養子縁組によって変わること

養子縁組とは、血縁関係のない人同士を、法律上は親子関係があるこ
とにする制度です。あなたが恵美さんの養子になるとすると、親子とし
て、養子縁組の日から、法律上、恵美さんの子どもということになりま
す。ただ、年齢が上の人が養親になる、という決まりがあるので、恵美
さんがあなたより年下であった場合には、あなたを養子、恵美さんを養
親とする養子縁組はできません。ここでは、恵美さんがあなたの年上で
あるとして、話を進めます。

その場合、あなたは、原則として恵美さんの苗字を名乗ることになり
ます。このとき、あなたは、恵美さんだけではなく、恵美さんの親や兄
弟姉妹などとも法律上親戚になります。恵美さんの親は、あなたの法律

上の祖父母になり、恵美さんの兄弟姉妹は、あなたの法律上のおじ・おばになります。また、養子縁組をしても、あなたの親族との関係は今まで通り続きます。そのため、養子縁組の結果、あなたは、恵美さんとの間はもちろん、恵美さんの親族、自分の親族との間にも、相続や扶養などの関係が生じます。これに対して、恵美さんは、あなたの親族とはこのような親戚関係にはなりません。つまり、親戚が増えるのはあなただけということです。

同性カップルが養子縁組を利用する場合には、パートナー同士で養子縁組をすることが一番多いでしょう。この場合、2人のうち一方が養親、もう一方が養子になります。

同性カップルが養子縁組をすることのメリット

現在の日本では、同性愛者同士の結婚は認められていませんから、長年一緒にいても、2人は法律上他人です。そのため、どちらかが死亡しても遺産を相続できなかったり（chapter10-2を参照）、親族でないために病院などで不当な扱いをされたりすること（chapter8-13を参照）が考えられます。しかし、あなたたち2人が養親子関係になるとすれば、あなたたちは法律上の「親子」になるので、恵美さんが死亡した場合には、あなたに遺産が相続されますし、2人の関係をわかりやすく説明することができ、不当な扱いを受けることが減る可能性があります。

同性カップルが養子縁組をすることのデメリット

もっとも、あなたたちが養子縁組をしたら、あなたは恵美さんの苗字を名乗らなければなりません。また、養子縁組をするには、「縁組意思」というものが必要ですが、あなたたちが、同性婚制度の代わりのように養子縁組をするといった場合、「縁組意思」があると考えてよいのかど

うか必ずしも明らかではないといわれており、第三者に養子縁組自体が無効であるといわれてしまうかもしれません。

性別変更をして結婚する上で注意すること

養子縁組をする際に気をつけたいこととしては、将来、カップルの片方が性別変更をして異性カップルとして結婚しようという場合です。一度、養子縁組をして親子になると、その後に離縁をして養子縁組を解消しても、その養子縁組を無効にしなければ結婚できなくなります。将来、同性婚制度が作られたときに、養親子関係であったあなたたちが同性婚制度を使えるかどうかについても、まだわからないことがあります。

また、パートナーが外国人の場合にも、いわゆる国際養子縁組によって養子縁組ができる可能性があります。この場合には、日本の法律だけでなく、パートナーの出身国の法律もかかわってきますので、専門家を活用しましょう。

養子縁組の手続

養子縁組は、区役所や市役所に届出を提出すればできます。届出書のフォーマットなどは、区役所や市役所のウェブサイトに載っています。この届出書には、当事者双方と成人の証人2人の署名捺印が必要です。この届出書を提出しただけですぐにお互いの家族が知ることにはなりませんが、養子縁組は戸籍に記録されますので、家族が戸籍を見た場合には、養子縁組があったことがわかります。

chapter 8 ● 共同生活編   181

chapter 8　共同生活編

7 | すでにパートナーと養子縁組をしているけれど、これから性別の取り扱いを変更して結婚したい

Q 私は、もともと体の性別は女性でしたが、心の性別は男性です。女性のパートナーと交際し、3年前に彼女を養子にする届け出をして、2人の絆を強くしました。その後、私は性同一性障害の診察・治療を受け、性別適合の外科的治療も終了したので、養子縁組ではなくて、パートナーと結婚して正式な夫婦になりたいと思っているのですが、可能でしょうか。

A 親子間では結婚できないため、婚姻届は出せません。養子縁組して親子になった事実は、離縁しても残ります。どうしても婚姻届を出すには、養子縁組を無効にする必要があります。

なぜ養子縁組を結婚に変えられないか

　今の法律では、男性と女性との異性間の結婚しか認められていません（chapter 2 − 2 を参照）。そのため、心と体の性別が一致しないトランスジェンダーが、戸籍上は同性となってしまうパートナーと結婚することができないために、養子縁組制度を代わりに使うこともあります（chapter 8 − 6 を参照）。そもそも、このようなカップルは現実には養親と養子の関係ではありませんので、パートナーの一方が性同一性障害の診断を受けて、精神科の鑑別治療や内科のホルモン療法、外性器の外科的治療まで行ったときには、男女間の結婚制度を使いたいという気持ちにもなるでしょう。

　性別の取り扱いの変更の手続には、条件もありますが、家庭裁判所で

182　　2 ● セクシュアル・マイノリティの暮らし

性別取扱変更の許可を受ければ、法律上は男女ということになりますので、結婚制度が利用できるのが原則です。ただ、養子縁組制度を結婚の代わりに使っているカップルの場合には、そう簡単ではありません。

　結婚する場合、戸籍上の異性でなければ結婚はできず、戸籍上同性の相手にいくら愛情を持っていても、現在の法律では結婚できません。それ以外にも結婚できない相手の典型が、親子です。親は自分の子どもとは結婚できないのです。そのことは実の子だけでなく、養子であっても同じとされています。

　ならば、離縁すれば親子ではなくなるから、結婚できるようになるのか、というとそれもダメなのです。一度、養親と養子という親子になったら、離縁しても、その元親とは結婚できない仕組みになっています。

　ですから、現在、養親と養子の関係にあるカップルの一方が性別適合手術を完了して、法律的にも性別取扱変更の手続を完了したとしても、改めて結婚することは難しいのです。

例外はないのか

　ごく例外的に、養子縁組が無効であるとされる場合にだけ、家庭裁判所の手続を使って、いったん養子縁組を無効にして、その後で、性別取扱変更の許可も終わっていれば、男女間の結婚に切り替えて、婚姻届を出すことができる可能性があります。

　もちろん、2人の間には性的な関係もあると思いますが、それを理由にして養子縁組としては無効だといってみても、認められない可能性も高いです。ちなみに、男女間の養子縁組のケースについてですが、最高裁判所が、若干の性的な関係があったとしても、養子縁組が無効であるとはいえないと判断したことがあります。

chapter 8 ● 共同生活編　　183

chapter 8　共同生活編

8 | ゲイの自分がレズビアンと
「友情結婚」しようか迷っている

Ⓠ　私は32歳のゲイです。自分がゲイであることは親しい友人以外には話していません。会社の人や親からは「そろそろ結婚しないのか」とプレッシャーをかけられています。最近、インターネットで、レズビアンとお互い納得して結婚する「友情結婚」という方法があることを知りました。親を安心させたいですし、子どももほしいので、「友情結婚」をしようかと思いますが、不安もあります。どうしたらよいでしょうか。

Ⓐ　あなたがなぜ友情結婚をしたいと思うのか、もう一度考えてみてください。まずは信頼できる人に相談するのも1つの方法です。

結婚には義務が伴う

　あなたは32歳なんですね。学生時代の異性愛者の友達の中には、結婚して子どもがいる人も増えているでしょう。独身時代には一緒に遊んでいた異性愛者の友達も、休みの日は家庭優先でなかなか会えなくなっているかもしれませんね。そんなとき、ふと自分も、異性と結婚しなければならないかなという気持ちになることもあるでしょう。

　しかし、友情結婚といっても、結婚は結婚です。あなたにとって、一生の問題です。異性と結婚すれば法律上夫婦ということになり、あなたには法的な責任が発生します。夫婦はどんなことがあってもお互いに助けあって生きなければなりません。それは法律上の義務です。たとえば、

結婚相手が若くして病気や事故で一生介護が必要になるかもしれませんが、あなたにはずっと結婚相手に寄り添って生きていく覚悟がありますか。

　一度結婚すれば、あなたが結婚相手を嫌いになったからといって、2人の合意がなければ一方的に離婚することはできません。ゲイ同士のカップルが別れ話のもつれから、一方が他方に対して、「別れるならゲイであることを親や職場にばらすぞ」と脅すトラブルがありますが、それと同じことが起こる可能性も高いです（chapter 6 − 1を参照）。また、お互いの離婚の話しあいがうまくいかなければ、裁判所で調停や訴訟をすることになります。特に訴訟になれば、傍聴者のいる公開された法廷で、あなたがゲイであることを話さなければならなくなるかもしれません。

子どもは親を選べない

　あなたは子どもがほしいのですね。その気持ちはわかりますし、ゲイとレズビアンが友情結婚して、人工授精で子どもを作るという話もあります。しかし、子どもができれば、あなたには子どもを育てる法律上の義務が生じます。あなたが結婚相手を嫌いになったとしても、子どもは責任を持って育てなければなりません。たとえあなたが、結婚相手と離婚して、結婚相手が子どもを引き取ったとしてもです。あなたは、少なくとも子どもが20歳になるまで、養育費を払いつづけなければなりませんし、子どもの成長のためには定期的に面会して子どもと交流する必要もあります。子どもにとって、親はあなたしかいないのです。

　また、本来の恋愛はどうするのでしょうか。結婚するときに、お互いに同性の恋人やパートナーを持つことを許す、という約束をする友情結婚もあるでしょう。しかし、もし仮にあなたにとても大好きな同性の恋人ができて、その人とずっと一緒にいたいと思ったら、友情結婚の結

chapter 8 ● 共同生活編　　185

相手との関係を考えなくてはなりません。特に、子どもがいる場合は、あなたには子どもを責任を持って育てる義務があります。子どもも大切ですが、大好きな同性の恋人も大切という中で、非常に重い決断を迫られるでしょう。

　そして、子どもには結婚相手との関係をどのように説明すればよいでしょうか。あなたが大好きな同性の恋人と過ごす時間が長くなって、家を留守にしがちになったとき、子どもは不安になるでしょう。あなたは、あなたの同性の恋人と結婚相手の同性の恋人も含めて4人で子どもを育てるという「理想」を思い描いているのかもしれません。しかし、あなたと結婚相手は子どもを育てるつもりがあっても、あなたの恋人や結婚相手の恋人がそうとは限りません。

セクシュアル・マイノリティの信頼できる仲間やパートナーを作る

　そもそも、あなたにはゲイの信頼できる友達はいるでしょうか。もしあなたが、ゲイの友達がいなくてさみしく、結婚すれば楽しい家庭が築けるのではないかと思っているとすれば、友情結婚の前に、まずはゲイの友達を作りましょう。たとえば、インターネットで探せば、音楽、スポーツのサークルや、同じ職業のサークルなど、いろいろなサークルが見つかりますので、自分にあったサークルを見つけて、そこで友達を作るという方法もあります。

　ゲイの友達はそこそこいて、これまでにおつきあいをした恋人も何人かいるというあなたであれば、これからの人生を一緒に過ごすゲイのパートナーがほしいという気持ちがあるかもしれません。そういう気持ちがあるならば、レズビアンとの友情結婚を考える前に、ゲイのパートナーとどういう関係を作りたいのか、どうすればお互いが過ごしやすい関係になれるのか、常に話しあって確認しましょう。

親は子どもの幸せを願っている

結婚して親を安心させたい──。これが、異性との結婚をしたいと考える一番の理由かもしれません。しかし、親があなたに結婚しろというのは、あなたに幸せになってほしいからではないでしょうか。あるレズビアンは、NPO法人レインボーコミュニティcoLLaboのブログの中で、両親に好きな女性がいるとカミングアウトした経験を次のように語っています。

　　私がカミングアウトして一番よかったのは、親に自分の本当の幸せの形を伝えられたことです。親は私の結婚を望んでいると思いこんでいましたが、それは誤解で、ただ幸せになってほしいだけでした。相変わらず心配性ですが、正しく心配される関係は前よりずっと心地よいです。

必ず誰かと一緒に生きなくてもよい

カップルでなければ幸せになれない訳ではありません。シングルでも自分の人生にまずまず満足して生きているセクシュアル・マイノリティはたくさんいます。老後を迎えても、介護保険などの社会保障制度を活用すれば、1人でも生きていくことはできます。

あなたの人生を決めるのはあなた自身です。ただ、1人だけで悩んで結論を出すことは、避けた方がよいです。あなたがなぜ友情結婚をしたいと思っているのか、整理して、信頼できる人に話して、考えてみてください。

chapter 8 ● 共同生活編　　187

chapter 8　共同生活編

9 | 同性カップルやトランスジェンダーのカップルの
養子縁組・里親での子育て

Ⓠ 同性カップルやトランスジェンダーとそのパートナーのカップルであっても、子どもがほしいという声を聞きます。たとえば、親のいない子どもを引き取って育てるということはできますか。また、養子として引き取って育てる以外の方法はあるのでしょうか。

Ⓐ 普通養子縁組の場合、結婚していないカップルは、一方しか養親になれません。特別養子縁組は、結婚が条件ですので難しいです。地域によっては、結婚していないカップルが里親になれることもあります。

法律的に親子になる養子縁組

　親のいない子どもを引き取って育てるのが、養子縁組という制度です。養子縁組をした場合、養親になった人には、実の親と同じ権利や義務が発生します。つまり、男女が結婚して子どもが生まれた場合と同じです。具体的には、養子を保護・教育できますし、またしなければなりません。また、養子に生活の場を用意しなければなりません。さらに、必要な範囲で養子のしつけを行うことができ、養子が仕事をしたければその許可をすることもできます。養子の財産を管理するのも養親の役割です。

　養子縁組には、普通養子縁組と特別養子縁組という 2 つの種類があります。

普通養子縁組とは

　1つ目の普通養子縁組の場合、結婚している男女の夫婦ならば、未成年の子を養子にするには、必ず夫婦両方そろって養親になること、子どもが15歳未満であればその法定代理人（実の親や未成年後見人など）が子どもに代わって手続をすること（15歳以上なら本人が手続をします）、家庭裁判所の許可をえること、の3つの条件が必要です。

　結婚していない2人の場合、最初の条件が違ってきます。養親にはどちらか1人しかなれず、2人そろって養親になることができないのです。結果的に、養親ではない人と子どもとの間柄は、法律上は他人ということになってしまいます。苗字も、養子は養親の苗字を名乗ることになっています。

　つまり、同性カップルや、トランスジェンダーで性別の取り扱いの変更をしていない人とそのパートナーのカップルのように、結婚ができない場合、子どもと普通養子縁組をすることはできるものの、カップルのどちらか片方としかできない、ということになります。

特別養子縁組とは

　2つ目の特別養子縁組は、実の親の子どもに対する監督や保護が著しく困難や不適当であるなど、特別な事情があって、子どものために特に必要がある場合のために、設けられている制度です。

　1つ目の普通養子縁組の場合は、その子の親としての権利や義務は養親に移りますが、その子と実の親との縁は残ります。たとえば、実の親のどちらかが亡くなれば、相続が発生します。戸籍にも、養子縁組をしたことや実の親の名前が残ります。

　これに対して、特別養子縁組は、子どもと実の親との関係が切れ、戸籍も、養子縁組であることははっきりとは書かれません。幼い頃から養

chapter 8 ● 共同生活編　　189

親に育てられた子どもの立場で考えると、養親を実の親と信じるのは当然のことで、その信頼を裏切らないようにするためです。このように特別養子縁組は、普通養子縁組よりも強い効力を持つため、家庭裁判所が成立させるものとされています。

しかし、この特別養子縁組は、養親が結婚していなければできません。結婚ができないセクシュアル・マイノリティのカップルだと、特別養子縁組はできない、ということになります。ただ、性別の取り扱いの変更をしたMtFが、パートナーと結婚し、児童養護施設から引き取った子どもとの間での特別養子縁組が認められたケースはあります。

法律的に親子にならない里親制度

法律的には親子ではないものの、子どもを育てる制度として、里親制度があります。里親とは、保護者のいない子どもや保護者に監督・保護させることが不適当な状況にいる満18歳に満たない子どもの養育を希望する人で、都道府県知事・児童相談所長が適当と認める人のことです。

里親は、通常の養育を目的とする養育里親と、その後の養子縁組を前提とする養子縁組里親の2つが代表的です。

セクシュアル・マイノリティは里親になれるか

では、セクシュアル・マイノリティは、里親になれるでしょうか。

里親になるには、子どもの養育についての理解と熱意、子どもに対する豊かな愛情があること、経済的に困窮していないこと、養育里親研修を修了したこと、里親本人またはその同居人が欠格事由に該当していないこと、の条件が必要です。

ここには、必ずしも男女のカップルであることや法律的に結婚していることは、条件になっていません。ただ、都道府県ごとに里親の認定基

準は異なります。たとえば東京都では、配偶者がいない里親申込者の場合には、児童養育の経験があるか、保健師、看護師、保育士などの資格があることと、寝起きをともにし、主たる養育者の補助者として子どもの養育にかかわることができる20歳以上の子または父母などがいること、という2つの条件を満たしていることが必要です。そのため、結婚のできない同性カップルの場合は、ハードルが高いのです。一方で、大阪市などの他の地域では、同性カップルでも養育里親の登録が可能なところもあります。それぞれの地域にある児童相談所に問いあわせてみるとよいでしょう。

　なお、各都道府県の里親になる基準をクリアしていても、それだけで必ずしも里親として子どもを育てられる訳ではありません。その子どもにとって好ましいかという点から、最終的には判断されます。

chapter 8　共同生活編

10 ｜ パートナーの子に自分が親としてかかわれない？

Q 現在、私は同性パートナーと交際していますが、私には離婚を
した前夫との間に5歳の子どもがいます。私とパートナーは交
際して2年ほど経ち、1年前から子どもと3人で生活していて、
子どもも2人で育てていくつもりです。子どもはパートナーに
とてもなついてくれていますが、パートナーと子どもとの間に
は法的に何の関係もありません。万が一、私が先に亡くなった
場合、パートナーに子どもの親代わりになってほしいと思って
いますが、可能でしょうか。

A 公正証書遺言で、パートナーを子どもの未成年後見人に指定す
れば、子どもが未成年の間、パートナーが未成年後見人として、
実質的に親代わりの立場になれます。

男女カップルの場合

　このケースは、男女間にもよく見られるものです。男女間の場合も、
離婚した前夫や前妻との間に子どもがいる人と結婚をしても、再婚相手
である夫や妻と連れ子との間に法的な親子関係はありません。そのため、
再婚相手である夫や妻と連れ子は、養子縁組をすることが多いです。再
婚した男女の場合、たとえば、夫が妻の連れ子と養子縁組をすると、養
父（夫）と実母（妻）が共同でその連れ子に対し親権を持つことになり
ます。これを、共同親権といいます。

192　　2 ● セクシュアル・マイノリティの暮らし

同性カップルの場合

　それでは、同性カップルの場合はどうでしょうか。同性カップルの場合、現状では結婚が認められていないため、男女の再婚のケースとは異なる扱いになります。つまり、このケースで養子縁組をすると、親が子どもについて持つ権利や義務（このことを「親権」といいます）が、連れ子と血のつながりのないパートナーに移ってしまいます。その結果、血のつながりのある実母（あるいは実父）は親権を失うことになります。

　親権とは、たとえば、子を監護し教育する権利や義務、子の財産を管理し代理をする権利や義務などです。養子縁組により血のつながりのある親から養親に親権が移ってしまうのは、両親が子どもに対する権利を共同して持つことが、結婚している夫婦にのみ認められているためです。また、このケースで養子縁組をすると、子どもの苗字も養子縁組をしたパートナーの苗字に変更されてしまいます。

　そこで、養子縁組ではない他の方法を考える必要があります。その方法が、遺言による未成年後見人の指定です。

　未成年後見人とは、未成年者（未成年被後見人）の法定代理人であり、未成年者の監護や養育、財産管理、契約などの法律行為などを行う人のことです。未成年後見人は、未成年者に対して親権を行う者がないとき、または親権を行う者が管理権を有しないときに就任します。今回の場合には親権を持つ人がいないので、未成年後見人の権限は親権者とほぼ同じです。ですので、万が一親権者が亡くなってしまった場合、あらかじめ未成年後見人を指定しておけば、指定された未成年後見人が「親代わり」になることができるのです。逆に、未成年後見人を指定しておかないと、家庭裁判所が、未成年者本人またはその親族などの利害関係人の請求によって、未成年後見人を選任することになります。そうなると、必ずしもあなたのパートナーが選ばれるとは限りません。

　未成年後見人の指定をするには、親権者が遺言で指定することが必要

chapter 8 ● 共同生活編　　193

です。遺言にはいくつか種類があり、自分で遺言を作る方法もあります
が、法律上形式的に決められたルールがあり、それを守っていない場合
などは無効になる危険性があるので注意が必要です。

　遺言をより確実に残したいならば、公正証書遺言にすることをおすす
めします。公正証書とは、公証人という法律家が作成する公文書のこと
です。費用はかかりますが、内容についての信用性がとても高いため、
後にもし内容を争われたとしても、その内容がくつがえされる可能性が
低いというメリットがあります。

chapter 8 　共同生活編

11 | レズビアンカップルが精子提供で
　　子どもをもうけたら

Q 知りあいの男性に精子を提供してもらって、私のパートナーが
子どもを産み、2人で一緒に育てたいと思っています。2人と
も親になることはできますか。また、精子を提供してもらった
男性からは養育費をもらわず、子どもと面会交流もしないとい
う約束をすることはできますか。

A 残念ながら、あなたとパートナーの両方が親になることはでき
ません。また、精子提供者の男性との間で面会交流をしないと
いう約束もできません。一方、養育費をもらわないという約束
は、できるケースもあります。

レズビアンカップルは2人とも親になれるか

　日本では同性婚がまだ認められていないので、レズビアンカップルの
1人が子どもを産んでも、カップルの両方が親になることはできません。
産んだ女性と子どもとの間に親子関係があるだけで、もう一方の女性と
子どもは、他人となります。ですので、あなたの場合は、あなたとパー
トナーが産んだ子どもとは、他人同士になってしまうのです。

　たとえば、あなたがその子どもと養子縁組をしても、やはり両方が親
になる訳ではありません（chapter 8−10を参照）。あなたが養母、子
どもが養子となって、あなたと子どもは法律上の親子になり、親権はパー
トナーからあなたに移ります。パートナーの方は、親権者ではなくな
るものの、実の親子であることは変わりないので、扶養や相続の場面で

は親子として扱われます。なお、未成年者との養子縁組には、家庭裁判所の許可が必要です。

親が亡くなるなどして親権者がいなくなると、子ども本人か親族が家庭裁判所に申し立てて、親代わりとなる未成年後見人を裁判所に選任してもらうことになります。ただ生前に遺言を書いて、未成年後見人を指定しておくこともできます。万が一のときに備えて、パートナーにあなたを未成年後見人に指定する遺言を書いておいてもらうことも、考えてみてください。

子どもと精子提供者との関係

あなたのパートナーが出産すると、法律上は「未婚の母」ですから、生まれてきた子どもの戸籍の父親欄は空白になります（結婚している男女であれば、自動的に子どもの戸籍の父親の欄に夫の名前が書かれます）。

もし、精子提供者の男性が、「自分の子どもだ」と役所に認知の届出をすると、その男性と子どもとの間に法律上の親子関係ができます。男性は親権者にはなりませんが、養育費を支払うなどの義務が発生したり、面会交流をしたり、精子提供者が死亡した場合は子どもが相続人として遺産を受け取ることになったりします。

逆に、子ども本人が、将来、精子提供者に対して認知を求める調停や裁判を起こせば、認められるでしょう。

このように、あなたたちカップルが関与できないまま、父子関係が成立する可能性があるのです。将来、予想外のトラブルが起きる可能性があると、あらかじめ考えておいた方がよいでしょう。たとえ、精子提供者の男性との間で、「認知しない」と約束をしていたとしても、法的な拘束力はありません。

認知によって精子提供者の男性が父とされた場合、子どもは男性に対して養育費の支払いを求めることができます。あなたが男性との間で「養

育費はいらない」という約束をした場合、その約束は一応有効ですが、養育費を請求するのは子どもの権利ですから、その約束は調停や裁判で無効になる場合もあります。その判断は、約束がなされた背景事情、あなたと子どもが置かれている経済的な状況、男性の経済力などを踏まえて、裁判所が行います。一方、面会交流は、子ども自身の権利でもあると考えられているので、あなたが「面会交流をしない」という約束をすることはできないと考えられています。

　つまり、子どもの権利は、子ども自身がその権利を使うかどうかを決めるものなので、親だからといっても、子どもの権利を勝手に放棄することはできないのです。

「出自を知る権利」とレズビアンファミリーとの関係

　精子提供で産まれた子どもにも、「出自を知る権利」があります。これまでも男女の夫婦で、第三者の精子提供によって生まれた子どもはたくさんいますが、親が子どもに血のつながりのないことを隠すことがほとんどでした。しかし、父母の離婚や父母との死別などをきっかけに、父親と遺伝的なつながりがないことや、これまで父母にその事実を隠されていたことを知って、「自分は両親に隠し事をされていた」と大きなショックを受けたり、「自分は一体誰の子どもなんだろう？」という不安を抱えたりするケースもあります。

　日本も批准している子どもの権利条約では、子どもができる限り父母を知る権利が保障されています。スウェーデンやイギリスなどの国では、子どもが知ろうと思えば、精子提供者がわかるような仕組みがあります。

　レズビアンカップルの子どもの場合には、自分の家族以外の男性の協力があって自分が産まれてきたことを、告知を受けなくてもすぐにわかるでしょう。だからこそ、子どもにどのように生まれたのかを、子どもが納得するまで、何度も丁寧に話して伝えることがとても重要になりま

す。子どもに対して、家族が待ち望んであなたが産まれたこと、子ども自身が家族から愛されていることを、繰り返し言葉や行動で示してください。そして、子ども自身が望むならば、生物学上の父親のことをきちんと伝え、面会交流することも許す覚悟を持った上で、精子提供を受けることが、生まれてくる子どものために大切です。

　子どもは、生まれてくる先を選ぶことはできません。だからこそ、「子どもがほしい」という気持ちだけではなく、子どもが将来直面するあらゆることを想像した上で、子どもを持つ決断をしなければならないのです。

chapter 8　共同生活編

12 | 性別の取り扱いを変えた人が
結婚して子どもをもうけたら

Q 私は、体は女性ですが、自分のことを男性としか思えないので、将来、戸籍に書かれる性別を女性から男性に変えて、女性と結婚をし、子どもも持ちたいと思っています。私の結婚した女性（妻）が他の男性から精子をもらって妊娠して子どもを産んだ場合、私はその子の父親になれるのでしょうか。

A 性別を女性から男性に変えた人（FtM）の場合、親になれます。このことは、最高裁判所が認め、その後に国が出した通達でも確認されています。

他の男性の精子をもらうFtMの場合

　体の性別が女性で心の性別は男性のあなたが、戸籍に書かれている性別を心の性別である男性に変えた場合、男性として子どもを作る能力（精子を作る能力）はありません。ですので、あなたが女性と結婚をし、その女性（妻）が妊娠して産む子どもを育てたいと思ったら、あなたの妻が他の精子を作る能力のある男性から精子をもらって妊娠し、子どもを産むという方法を取ることになります。この場合、夫であるあなたと、あなたの妻が産んだ子どもとの間には、血のつながりはありません。

　実際に、戸籍に書かれる性別を女性から男性に変えた人（夫）とその妻が、他の男性の精子をもらって妻が妊娠して産んだ子どもの出生届を区役所に出しに行ったところ、区が夫を父親と認めず、戸籍の父の欄を空欄としたという事件がありました。区、そして区が戸籍にどのように

書くかを聞いてそれに答えた法務省は、夫に子どもを作る能力がなく、夫と子どもの血のつながりがないのが明らかだということを理由として、空欄にしました。

　誰が子どもの父親になるかを決めている民法では、結婚している間に妻が妊娠して産んだ子どもを夫の子どもと推定しています。また、夫の無精子症（精液の中に精子がいないという病気）などを理由として、他の男性から精子をもらって妻が妊娠して子どもを産んだ場合には、夫と子どもとの間に血のつながりがなくても、夫の同意があれば、戸籍上でも父と子としての関係が認められます。こうした運用がされているにもかかわらず、戸籍に書かれる性別を変えた人の場合には父親として認めないということは、この２つに矛盾しています。

　性同一性障害者特例法には、戸籍に書かれる性別を変えた人について、民法やその他の法律をあてはめる場合には、変わった後の性別で扱うことが書かれていますし、変えた後の性別での結婚も認められています。結婚をした後、子どもを産み育てたいという気持ちが芽生えることは、戸籍に書かれる性別を変えた人であってもそうでない人であってもありえます。

　最終的にこの事件では、当事者の夫婦が裁判所に対して戸籍の訂正を求めたところ、最高裁判所はこれを認め、妻が出産した子どもは、夫の子どもとして、無事に戸籍に載ることになりました。そして、これを受けて、法務省からの通達により、今後同じような出生届が出された場合にはきちんと夫の子どもとして戸籍に載せるようにするという内容が徹底されました。ですので、あなたが、今後、戸籍に書かれる性別を女性から男性に変えて、女性と結婚をし、その女性（妻）が他の男性から精子をもらって妊娠して子どもを産んだ場合、あなたは、戸籍上もその子どもの父親になれるのです。

200　　2 ● セクシュアル・マイノリティの暮らし

代理母に産んでもらうMtFの場合

これに対して、戸籍に書かれる性別を男性から女性に変えた人が、結婚した男性（夫）との間に子どもを持ちたいと思う場合は、少し複雑です。

戸籍に書かれる性別を女性に変えた人は、女性として子どもを産むことはできないため、夫の遺伝子を持つ子どもを育てたいと思った場合、自分以外の女性に妊娠して子どもを産んでもらうことが考えられます。このような方法を代理母出産といいます。日本では事実上認められていない方法なので、海外の女性に代理母になってもらい、海外で子どもを産んでもらって、生まれた子どもを日本に連れてきて育てるという方法を取ります。しかし、日本では、出産した人が戸籍の上での母親となるので、戸籍に書かれる性別を女性に変えた人は、少なくとも戸籍上は、生まれてきた子どもの母親になることはできません。

似たケースとして、ある夫婦が、妻が病気で子宮をなくして子どもを産めなくなったことから、夫の精子と妻の卵子を体外受精させた受精卵を使って、海外の代理母に子どもを産んでもらったということがありました。この場合、夫婦のどちらも、その子どもとの間に血のつながりがありました。けれども、妻を子の母親として戸籍上に記載してほしいと裁判で争った事件で、最高裁判所は、これを認めませんでした。

代理母出産を日本でも認めるのがよいのかどうか、また、自分で子どもを産んでいない女性を戸籍に母親として載せるのがよいのかどうかについては、考え方がわかれています。夫の遺伝子を持つ子どもの母親となりたいという女性の思いだけでなく、代理母となる女性の保護や、生まれてくる子どもの幸せについても、十分に考えることが必要です。

chapter 8 ● 共同生活編　　201

chapter 8　共同生活編

13 | パートナーの緊急手術に自分が家族として同意できる？

Ⓠ 私は同性愛者で、同性のパートナーと一緒に暮らしています。先ほど、そのパートナーが脳梗塞で倒れて意識不明の状態で救急搬送され、医師から緊急手術が必要だといわれました。手術をするにあたって同意書が必要だといわれたのですが、私は家族じゃないので署名できないといわれてしまいました。私が同意書に署名して、パートナーの命を救うことはできないのでしょうか。

Ⓐ 病院が家族以外の署名を認めない場合、事実上署名はできません。ただ、そのことに法的な根拠はないので、2人が長年一緒に暮らしてきたことを医師に説明して、署名させてもらうように説得する必要があります。

同意書の役割

　手術の前に作成する同意書とは、どのようなものなのでしょうか。

　病院では、手術をする際、必ず担当の医師から手術の内容やリスクについて詳しい説明が行われます。これは、患者本人の自己決定権を守る必要があるからです。手術には必ず一定のリスク（手術がうまくいかなかったり、後遺症が残ったり、最悪の場合は命を落としたり、など）がありますので、手術の内容や危険性について十分な説明をしなければ、患者本人が手術を受けるかどうかを決められないのです。

　そして、患者は、この説明を受けた後、「手術に関するリスクなどの

説明を十分に理解した上で、手術に同意します」というようなことが書かれた同意書に、署名するように求められます。

　病院としては、万が一手術に失敗してしまったときや、大きな後遺症が残ってしまい法的な紛争が生じたときなどに備えて、医療行為への同意を取りつけておく必要があるのです。

　たとえば、医師が「手術が成功する可能性は５％で、もしも失敗した場合は後遺症が残る可能性が高い」と説明をしていて、その説明を聞いた上で患者が手術を受けると決めた場合を考えてみましょう。もしも、その手術が失敗して後遺症が残った場合、患者は病院に対して後遺症が残ったことに対する慰謝料や将来的に苦労を強いられることに対する損害賠償を求めたり、業務上過失致傷罪が成立するとして刑事責任を追及したりすることが考えられます。その際、病院は、「手術のリスクを十分に説明して、本人もそれに納得して手術をすると決めたのだから、病院は責任を負わない」と反論することができます。病院は、このような将来のトラブルに備えて、同意書への署名を求めるのです（ちなみに、ミスの内容にもよりますが、同意書を作成したからといって、病院が責任を完全に回避できる訳ではありません）。

誰が手術に同意できるか

　このように、手術に対して同意をする権利のことを、医療同意権といいます。この医療同意権は、原則として手術を受ける本人以外に認められません。なぜなら、医療行為に同意するかどうかは、本来、手術によるリスクを背負う患者本人だけが判断できるはずで、患者以外の人が勝手に決められないからです。

　そこで問題となるのが、患者本人に意識がなく手術の同意ができない場面です。この場合は、誰が手術の同意書に署名できるのでしょうか。

　実際のケースでは、患者の家族に同意書の作成を求めることが多いで

chapter 8 ● 共同生活編　　203

すが、法的な根拠はありません。原則、手術に対する同意は患者本人だけしかできないからです。

　一方、家族の同意があれば本人の同意があるのと同じだから、家族でも手術に同意できるという考え方もあります。しかし、家族といっても、どこからどこまでの家族が同意できるのかよくわかりませんし、家族の間で同意するべきかどうか意見がわかれた場合にどちらの意見を優先するのかという基準もありません。したがって、この考え方に基づいて考えても、家族が本人に代わって同意できる理由を説明することは難しいのです。

　ここまで説明した通り、家族でなければ手術の同意書に署名できないということには、明確な法的根拠がありません。ですから、同性のパートナーが同意書の署名を断られた場合には、まず、2人が家族同様に生活していることを病院に伝えてください。それでも難しければ、さらに家族しか同意書に署名できないというのは法的根拠がないことを話して、署名させてもらえるように説得する必要があります。

　この場合、たとえば2人の関係を裏づける書類（2人が同一世帯となっている住民票、パートナーシップ契約を結んだ公正証書、緊急連絡先カード、同性パートナーシップの証明書など）を見せることができれば、医師はより2人の関係を理解しやすくなるでしょう。

　ちなみに、任意後見人（chapter 8−14を参照）だからといって無条件で同意書に署名できる訳ではありませんが、任意後見契約を結んでいることは2人の関係を裏づける1つの根拠になるでしょう。

面会・病状の説明にもある壁

　同性カップルの1人が意識のないまま緊急搬送された際に問題になるのは、手術の同意だけではありません。たとえば、面会謝絶なので家族以外は病室に入れないといわれた、病状の説明をするが家族以外には伝

204　　2 ● セクシュアル・マイノリティの暮らし

えることができないといわれた、などという状況も考えられます。

　実は、これらの問題についても、なぜ家族ならよくて同性カップルならダメなのかという明確な根拠はありません。ですので、手術の同意と同じように、医師に２人の関係を裏づける資料（この場合は、同性パートナーが病状説明の立会いや面会をすることに同意することが書かれた書面でも大丈夫かもしれません）を見せて説明し、納得してもらえるように努めましょう。そうすることが、病気で苦しんでいるパートナーの支えになるのです。

chapter 8　共同生活編

14 │ 介護などパートナーとの老後の暮らしが心配

Ⓠ パートナーと一緒に暮らしていますが、将来、パートナーが認知症になってしまったらなど、老後や介護のことが今からとても心配です。何か準備できることはあるでしょうか。

Ⓐ お互いを後見人とする任意後見契約書を作ることで、パートナーが認知症などになったときは、後見人として、介護、医療の契約、財産の管理などができるようになります。

任意後見制度の利用

　セクシュアル・マイノリティにとって、老後は大きな問題です。介護が必要になったり認知症になったりしたとき、パートナーには医療や介護の契約を代理することや財産の管理を代理する権限がありませんし、１人きりになった場合にどうしたらよいか、とても不安になるでしょう。
　認知症になった場合、成年後見制度を利用することができます。この制度は、後見人が認知症になった人に代わって、契約や財産の管理を行うことができるものです。

法定後見制度と任意後見制度

　この成年後見制度には、法定後見制度と任意後見制度の２つがあります。
　法定後見制度は、すでに判断能力が失われた人に対して行われます。

206　　2 ● セクシュアル・マイノリティの暮らし

後見人になる人は家庭裁判所が選びますが、特に大きな問題がないとき
は、本人の親族が選ばれます。法定後見制度を利用するには、本人の住
所地を管轄する家庭裁判所に申立をします。しかし、申立ができる人は、
本人、配偶者、4親等内の親族などに限られています。

任意後見制度は、元気なうちに「自分の指定する人」に契約や財産管
理、療養看護の事務などを代理してもらう権限を与えるという契約を、
あらかじめ公正証書で結んでおく制度です。最終的には、法務局でこの
契約の内容が登記されるので、候補者であることを対外的に証明するこ
とができます（登記内容について誰でも見ることができる訳ではありません
が、本人、本人の4親等以内の親族であれば、法務局に申請すれば内容を見
ることができます）。

カップルでなくても、親族などにカミングアウトしていない場合も、
任意後見制度を活用して事前に後見人を指定しておけば、その権利を、
法的に、事前に自分が指定した人に与えることができます。親族よりも
本人の意思が最優先されますので、セクシュアル・マイノリティには使
いやすい制度といえます。

任意後見人には、任意後見監督人が家庭裁判所によって選任されます。
そのため、任意後見人はこの任意後見監督人のチェックを受けることに
なります。後見監督人は本人の親族ではなく、法律職や福祉職などの第
三者が選ばれることが多いです。

話しあいをしておく

どのような制度を利用するにしても、自分の老後について、パートナ
ー同士でよく話しあっておくことが重要であることはいうまでもありま
せん。先々のことであるからといって、先送りするのではなく、どのよ
うな老後を送りたいかについて、パートナー同士でよく話しあっておき
ましょう。

chapter 8 ● 共同生活編　　207

コラム

マイノリティの人権をみんなのものに

角田 由紀子

「普通」であることが好きな人が、どうやらこの国には多いようです。でも、「普通」って何でしょうか。試しに『広辞苑〔第6版〕』にお伺いを立てると、「①広く一般に通ずること。②どこにでも見受けられるようなものであること。」と解説されています。「普通」の意味など、私も考えたことがなかったので、改めて辞書の定義を見て、わかったようなわからないような妙な気分です。マイノリティであることは、辞書の定義からも、どうやら「普通」ではなさそうです。

どうして私たちは、「普通」であることで安心するのでしょうか。たぶん、「どこにでも見受けられる」ことから、誰もそれについてそうであることの理由を詮索したりしないからでしょう。たとえば、結婚して子どもを持つことが普通とされている社会では、誰も「どうして結婚なんかしたの？」ということを聞きませんし、誰も「どうして子どもなんか生んだの？」ということも聞きません。これが逆であれば、おそらくことあるごとに、「どうして？」とその理由を問いただされることでしょう。

自分がその他大勢と違っていることの生きにくさは、さまざまな場面で体験させられますが、その最たるものの1つがセクシュアル・マイノリティではないでしょうか。同調圧力がきわめて強い日本では、他人のことなのに、他人が自分と違うことを許さず、「普通」組に入ることを強要しがちです。それは、異質なものへの対応に戸惑い、強要する人自身の安心や心の安定のためでしょう。

私が同性愛差別の問題に初めて正面から向きあったのは、1990年

11月の東京大学の学園祭の企画でした。後に、「府中青年の家裁判」として知られる同性愛者団体への東京都教育委員会の差別を告発した損害賠償請求裁判に向けてのシンポジウムが開かれていたのです。私は、参加者の１人として、この新しい問題を直接学んだのでした。今からは考えられないほど、あからさまな同性愛差別に満ちた社会の真っただ中での勇気ある企画でした。私が参加した動機は、当時書いていた書籍『性の法律学』（有斐閣・1991年）で、同性愛者差別を取りあげるための取材を兼ねた勉強でした。その本の編集者であった満田康子さんからの示唆で、久しぶりに東京大学の駒場キャンパスに向かいました。そこで、初めて問題の所在を知り、以後、同性愛差別について国の内外の事情を調べたりしました。調べるうちに、ナチス時代の同性愛者差別の苛酷な事実も知りました。当時、日本では、同性愛者の権利という議論は、ごく一部ではじまったばかりでしたが、私は深く教えられるところがありました。「府中青年の家裁判」の代理人の中川重徳弁護士、森野嘉郎弁護士以外には、法律家でこの問題を扱う人がいなかったという事情で、私は以後たびたびシンポジウムなどに呼んでいただき、さらに勉強の機会をえることができました。

　1995年秋に、アメリカのミシガン大学ロースクールで客員研究員として勉強する機会をえました。その年、ミシガン大学ロースクールでは、初めて「セクシュアリティと法」という講義が開講されました。先生はニューヨークの同性愛者の権利団体の常勤スタッフであった女性弁護士でした。私には、毎回、うなずいたりびっくりしたりの講義でしたが、そこで同性愛問題を法律問題、つまり、人権問題として考えることの基礎を築くことができました。その講義は、学生たちに大人気で、翌年はもっと大きな教室での講義となりました。現在の日本でのこの問題への関心の高まりに似た熱気があったことを思い出します。

　日本での現在の関心の高まりが、一時的な熱狂ではなく、少数者

の人権問題としてしっかりと根づくことを願っています。そして、他のマイノリティの人権問題への気づきに広がり、「普通」にこだわらない柔軟な考えが広く受け入れられる社会になることを願っています。

chapter 9　離別編

1 ｜ 異性と結婚している人が同性と性的関係を持ったら

Ⓠ 私は50代の男性で、女性と結婚して子どももいます。アプリで知りあった男性と何度かセックスをしました。他の男性とのメッセージのやり取りを妻に見られてしまい、妻は「離婚だ」、「慰謝料を払え」といっています。私はどうなるのでしょうか。

Ⓐ 妻が裁判で離婚を求めた場合は、離婚が認められる可能性があります。また、妻につらい思いをさせたということで、慰謝料の支払いを命じられる可能性もあります。

離婚することになるのか

　自分の性的指向に確信を持てなかったり、世間体や親の期待を考えたりして、同性を好きになる気持ちを隠して異性と結婚する人も少なくありません。そういう人が、同性に対する気持ちを隠しきれなくなるのは、仕方ないかもしれません。実際に法律上のパートナー（配偶者）以外の人と、隠れてセックスをすることもあるでしょう。

　離婚のほとんどは、当事者間で話しあいをして離婚届を役所に提出する協議離婚です。しかし、一方が離婚したいと思い、他方が離婚に応じない場合、裁判所での話しあいである調停や、裁判で解決することになります。

　裁判所が離婚の請求を認めるためには、法律で決められた離婚の原因がなければなりません。今回のケースの場合、不貞行為という離婚の原因があったかどうかという点がポイントになります。

同性であれ異性であれ、配偶者以外の人との間で性的な関係を持った場合は、不貞行為を理由に離婚が認められることになります。過去に最高裁判所は、不貞行為とは、「配偶者以外の者」と性的な関係を持つことだと判断しています。ここでは、「配偶者以外の異性」ではなく、「配偶者以外の者」と表現して、性的な関係を持つ相手の性別を限定していません。そこから考えると、同性との間の性的な関係も、不貞行為になると考えるのが一般的でしょう。

　他にも、裁判所が離婚を認める離婚の原因には、婚姻を継続し難い重大な事由というものがあります。古い裁判例の中には、これを理由に同性愛者の夫との離婚を認めたものがあります。ただ、この判断の背景には、同性間の性的関係は異常であるとか同性愛は治療が可能であるといった完全に誤った認識が前提にあったので、離婚を認めた理由としては疑問があります。他の男性との性的な関係があった場合の離婚の原因は、不貞行為として考えるべきでしょう。

　また、実際に他の男性との性的関係があったとまでは断定できないけれども、夫が同性に対して性的な関心があることは確かだという場合もあるでしょう。ただ、配偶者とも真摯に結婚生活を送っているのであれば、婚姻を継続し難い重大な事由にあたるとまではいえない可能性があります。性的関心が同性にも向くということではなく、配偶者と性的な関係を持てないということが、婚姻を継続し難い重大な事由となって、離婚が認められるケースも考えられます。

慰謝料を支払うことになるのか

　一般に、離婚の慰謝料には、配偶者の地位を失うという離婚そのものに由来する慰謝料と、離婚の原因が何かによって左右される慰謝料という2つの意味あいがあります。

　離婚の原因が不貞行為である場合、円満な家庭生活を守るために、妻

や夫以外の人と性的な関係を持ってはいけないということに反するので、その精神的苦痛を受けた配偶者に、慰謝料を支払わなければなりません。

　また、不貞行為があったとまではいえないものの、夫が同性愛者であることを理由とする離婚の場合も、慰謝料を支払うことになるでしょう。妻の立場になってみると、夫が同性愛者であると知っていれば結婚をしなかったかもしれないし、そうであれば離婚をすることもなかったかもしれません。夫が結婚にあたって、自分のセクシュアリティを妻に告げなかったことは、結婚という非常に大きな決断を誤らせ、離婚というつらい思いをさせる最大の原因だと非難されることもあるでしょう。そういった理由で、慰謝料を支払わなければならないケースも考えられます。

　ちなみに、相手の男性が、あなたが既婚者であることを知っていたなら、その人も同じく慰謝料を払う義務があります。

chapter 9 ● 離別編　　213

chapter 9　離別編

2 ｜ パートナーと別れるときの清算

Ⓠ　交際していたパートナーと、パートナーの浮気が原因で別れることになりました。私名義で借りているアパートで同棲していたのですが、アパートを解約したいです。パートナーに出ていってもらうことはできますか。パートナーに対して浮気の慰謝料を請求したり、これまで負担していた生活費を返してもらったりすることはできますか。また、関係を解消するまでの間の生活費もわたしたくありませんが、それはできますか。

Ⓐ　アパートを解約すれば出ていってもらえますが、生活費の返還を求めるのは難しいでしょう。浮気の慰謝料は、あなたとパートナーの関係が、いわゆる内縁と呼べるかどうかによります。

男女の同棲状態の場合

　男女の間であれ、セクシュアル・マイノリティの間であれ、パートナーとの別れは、やってきます。まず、説明をわかりやすくするために、結婚していない男女が交際を解消するときの清算について考えましょう。その場合、2人の交際が、単なる恋愛でしかないのか、それともいわゆる内縁と呼ばれる関係になっていたのかによって、結論に違いがあります。

　内縁とは、男女が婚姻の意思を持って共同生活を営み、社会的には夫婦と認められる実態があるにもかかわらず、婚姻届が出されていないために法律上の夫婦とは認められない関係で、事実婚と呼ばれることもあ

ります。

　婚姻の意思とは、結婚する意思、夫婦になる意思と言い換えることができます。つまり、いくら恋愛関係から同居生活をしていたとしても、結婚する意思、夫婦になる意思がなければ、それは単なる同棲であって、内縁（事実婚）とされることはありません。

　そして、２人の関係が、単なる同棲ではなく、内縁（事実婚）と判断できる関係であった場合、その関係を解消するときには、法律婚に近い対応が求められるケースもあります。

　まず、２人の関係が、単なる同棲でしかない場合、あくまでも自由恋愛の範囲ですから、その関係を継続することも解消することも２人のそれぞれの意思に委ねられています。ですから、「別に好きな人ができた」といわれてしまっても、嫌だと思うでしょうが、相手の心変わりについて慰謝料を請求することはできません。また、生活費を負担していたといっても、２人の間に恋愛関係があったからこそでしょうから、今後の生活費を負担する必要もありません。ただし、これまで負担してきた生活費の返金を求めることは難しいでしょう。法律上の夫婦であっても、離婚の際にそこまでの清算は認められていないからです。

男女の内縁関係の場合

　これに対し、２人の関係が内縁（事実婚）と呼べる場合、その関係は単なる自由恋愛の範囲を超えて、結婚に準じる関係にまで進展しています。ですから、はっきりとした理由もなく一方的に関係を解消することは、内縁の不当破棄となって、慰謝料の支払義務が発生すると考えられています。また、結婚に準じる関係にまで発展しているため、生活費の負担をしなければいけない場合もあります。

chapter 9 ● 離別編　　215

セクシュアル・マイノリティのカップルは内縁関係といえるか

　それでは、男女間ではなく、セクシュアル・マイノリティのカップルの関係解消は、どのように考えたらよいのでしょうか。ここでポイントになってくるのは、セクシュアル・マイノリティのカップルも、内縁関係といえるかどうかです。

　もし、セクシュアル・マイノリティ間では内縁関係は考えることができないとすると、単なる恋愛でしかありませんから、アパートを解約した場合に出ていってもらうことはできても、慰謝料などを請求することはできないでしょう。

　しかし、セクシュアル・マイノリティ間でも内縁関係を考えることができるならば、浮気で関係解消にいたらせた慰謝料を請求できるとともに、関係解消までの間、生活費を負担しなければならない場合もあるでしょう。

　ただ、この点について、最高裁判所もはっきりした判断を示したことはありません。そのため、今後、同性婚が認められるようになれば、内縁関係も認められることになるでしょうが、現時点で、セクシュアル・マイノリティ間でも内縁関係を考えるといえるかどうかは、法律的には何ともいえないのが実情です。この点、一部の自治体では、セクシュアル・マイノリティのカップルについて、パートナーシップ証明書の発行をするようになりました（chapter 2−3を参照）。このような動きが広がるようになれば、セクシュアル・マイノリティのカップルについても、内縁が認められやすくなるでしょう。

　また、パートナー関係の解消の際には、飼っていたペットをどちらが引き取るのか、2人で買いそろえた家具や電化製品はどうやってわけるのか、一方の借金の連帯保証人になっていたときは、連帯保証を抜いてもらえるのか、といったさまざまな問題が考えられます。2人だけでは解決できないケースも考えられますので、信頼できる人に相談しながら、

なるべくトラブルが少ない形で別れましょう。

chapter 9 ● 離別編　217

chapter 9　離別編

3 ｜ 養子縁組の解消をしたいが、どうすればよい？

Q 私は、同性パートナーと家族として暮らしたいと思って、養子縁組をしました。数年間は２人で仲よく暮らしていたのですが、最近、どうも相手との関係がよくありません。相手との関係を解消して、養子縁組も解消したいと思うのですが、どうすればよいでしょうか。

A 相手が同意しなければ、家庭裁判所に、離縁を申し立てることになります。そのとき、「縁組を継続し難い重大な事由」を説明することが必要です。

養子縁組の仕組み

　養子縁組とは、血縁関係にない人同士が、市区町村に縁組届を提出することで、血縁関係のある親子（実親・実子）と同様の法的関係を結ぶものです（chapter 8 − 6 を参照）。たとえば、子ども（実子）がいないので、財産を受け継ぐ "あと継ぎ" をもうけるために、養子を迎えるためなどに利用されてきた制度です。

　養子縁組は、血縁関係のない他人同士が、お互いの合意を役所に届け出ることで、法律上の家族になる訳ですから、この点は（男女の）婚姻とも似ているといえるでしょう。そこで、養子縁組を解消するときも、離婚の場合と似たルールがあります。

　まず、養子縁組をした２人の双方が、縁組の解消（離縁）に同意して、市区町村に離縁届を提出すれば、縁組は解消されます（協議離縁）。

次に、２人の一方が離縁に同意しない場合は、家庭裁判所に、調停、審判、訴訟といった法的な手続を申し立てることになります。

　申立のための３つの条件は、民法に定められています。それらは、他の一方から悪意で遺棄されたとき、他の一方の生死が３年以上明らかでないとき、「その他縁組を継続し難い重大な事由があるとき」、のいずれかです。この３つは、男女間の離婚原因を定める民法と似ています。

「縁組を継続し難い重大な事由」とは

　では、３つ目の「縁組を継続し難い重大な事由」には、具体的にどういった場合があるでしょうか。これは、ケースごとに裁判官が判断します。たとえば、当事者の一方が相手に暴行や虐待をしたり、あるいは重大な侮辱をしたりして、養親子関係が破綻したと考えられる場合、養親と養子の性格や価値観が一致しなかったり、あるいは非協調的な性格などから対立や葛藤が継続したりして、養親子関係が完全に冷え切った状態になっている場合、家業の承継や経営をめぐる不和が破綻を決定的にしたと認められる場合、養親子関係の抗争が長期にわたっていて、客観的に破綻していると認められる場合、といった状況などがあります。

　したがって、同性カップルやトランスジェンダーのカップルの場合も、同様に、関係が破綻したことを示すあらゆる事情を説明することになります。たとえば、２人が共同で生活することや相互に助けあう関係のはずだったのに、関係が破綻してしまって、別居し、もはやお互いの交流もないといった事情もあるでしょう。両者の関係性の変化の流れといったプライバシーにもかかわる内容を、丁寧に説明することで、養子縁組の解消に向けて動き出すことができます。

chapter 9 ● 離別編　　219

chapter 9　離別編

4 | 子どもがいるセクシュアル・マイノリティは、離婚のときに親権者になれない？

Q 結婚し、子どもがいますが、このたび離婚することとなりました。主に私が育児をしていて、子どもは私になつき、別居した今も私が育てています。しかし、配偶者は私が本当はセクシュアル・マイノリティであるから親権者としては認められないと主張して裁判を起こしました。私は親権者になれないのでしょうか。

A セクシュアル・マイノリティであることを理由として、親権者になれないということはありません。

親権者はどのように決まるか

　夫婦に子どもがいるときには、結婚しているときは夫婦が共同で子どもに対する親権を行使しますが、離婚すると一方が親権者となります。協議離婚や調停離婚であれば、夫婦間の話しあいで親権者を決めます。裁判離婚や審判離婚であれば、裁判所が一方を親権者として決めます。

　かつて、アメリカでは、同性愛をまったく認めない価値観から、同性愛者としての日々の行動を子どもに見せたり子どもに話したりすることは、子どもに対する悪影響を及ぼすと考えられていました。

　しかし、日本の家庭裁判所では、セクシュアル・マイノリティということを理由に、離婚後の親権者として認めないという例はありません。

220　2 ● セクシュアル・マイノリティの暮らし

親権者を決める基準

　親権者を決めるときには、その親が子どもを愛し、子どもを大事に育てられる環境を提供できるかが重要です。これを法的に説明すると、「子の利益」にかなうかどうかの判断となります。

　具体的には、親の側の事情（育てる能力、精神的・経済的な家庭環境、居住・教育環境、子どもに対する愛情、実家の資産、親や友人からの援助の可能性）と、子どもの側の事情（年齢、性別、兄弟姉妹との関係、心と体の発育状況、従来の環境への適応状況、環境の変化への適応性、子ども自身の意向、父母や親族との関係のよさ）を総合的に考えて判断されます。なお、離婚の原因を作った責任は、親権者を決める判断要素にはほとんどなりません。夫婦間の問題が即座に親子間の問題となる訳ではないからです。

　また、親権者の判断についてのこれまでの裁判では、子どもを育てている人や環境を継続する原則（監護継続の原則）、母親優先の原則、子どもの意向を尊重する原則、兄弟姉妹をわけないという原則があります。ただし、母親優先の原則については、現代では男性も積極的に育児に参加するというライフスタイルの変化のため、必ずしも優先されるとは限らなくなりました。

　さらに、仮に離婚の原因を作った親であったとしても、子どもが幸せになれる可能性がより高いと判断されれば、親権者として認められる可能性は十分あります。

　夫婦の一方または双方がセクシュアル・マイノリティであることが背景となって、さまざまな夫婦間のトラブルが生まれ、離婚の原因になることはあります。しかし、子どもの親権者を決めるための裁判所の判断は、まったく別の話となるのです。

chapter 9 ● 離別編　221

コラム

いわゆる「非当事者」ができること

寺原 真希子

人権問題と知ったときの衝撃

　私がセクシュアル・マイノリティの問題に取り組みはじめたのは
５年ほど前のことで、恥ずかしながら、それまでこの問題が人権の
問題であると意識したことはありませんでした。また、「性的指向」、
「性自認」といった概念についての正確な知識もありませんでした。
ですので、「性といったとき、それは男性と女性という話だけじゃ
ないんですよ」というある人の一言を発端としてこの問題が人権問
題であることを知った（気づかせてもらった）ときの衝撃は大きく、
それまでの無知・無理解・無関心だった自分が無意識に取ってきた
言動が当事者を傷つけたり孤立させたりしたことはなかっただろう
かと、過去30年ほどの記憶を必死でさかのぼったことを覚えていま
す。

　そして、それを機に、私は、それまでの自分の罪を償うかのよう
な気持ちで、セクシュアル・マイノリティを専門とする研究者の方々
やセクシュアル・マイノリティに関する事件を取り扱っている弁護
士などの実務家の方々のお話を伺う勉強会を企画したり、当事者の
方々の交流会に参加したりして、法制度の不備や当事者の深い苦悩
など、セクシュアル・マイノリティを取り巻く状況を少しずつ認識
していくこととなりました。

「当事者」と「非当事者」

　この問題に取り組みはじめてから日が浅いという後ろめたさのよ
うなものから、当初、私は、当事者の方々と話をする際、「不適切

222　　2 ● セクシュアル・マイノリティの暮らし

な話題や表現をしないように」と必要以上に意識していたように思います。しかし、セクシュアリティ（性のあり方）が人それぞれであって、性のグラデーションといわれるように、「当事者」、「非当事者」と明確に区別できるものではないと感じるようになってからは、必要以上に意識し過ぎることも減ってきたように思います。また、たとえば私は、「内面的な女らしさ」を強要されることが嫌で、それが私が以前から女性問題に取り組んできている理由ですが、社会的少数者である女性、セクシュアル・マイノリティの人々、そしてそれ以外にも同じように「こうあらねばならない」と直接的または間接的に本来の自分とは異なる生き方を強要されていると感じている人々のすべてが、この問題の「当事者」であるともいえます。その意味で、私は、「非当事者が当事者を支援する」という言い回しは好きではなく、私の感覚にもあいません。セクシュアル・マイノリティの問題にかかわらず、つらい思いをしている人がいれば、自分ができることをしたいと思いますが、それは「支援」というより、個々人がその人らしくあるがままで生きることを否定されるような世の中に納得できないという自分の気持ちからきている、私自身に関係する問題への取り組みでもあるからです。

「非当事者」だからできること

　「当事者」、「非当事者」という形で分断されることがあってはいけないし、また、上記の意味では私も「当事者」であると感じる一方で、「少なくとも現時点で、性的指向が異性に向いていると感じており、かつ、身体的性別に違和感がない人」を「セクシュアル・マイノリティ（LGBT）非当事者」と表現するとすれば、私は、そのような「非当事者」だからできること、あるいは、少なくとも「非当事者」だから行動しやすいことがあるとも感じています。たとえば、現在の日本の社会は、残念ながら自然にカミングアウトができる環境にはなく、カミングアウトしていない当事者は多数存在しま

す。弁護士など、セクシュアル・マイノリティの問題に取り組んでいる実務家の中にも、自己のセクシュアリティを親などにカミングアウトしていないという人たちが多く存在し、その場合、たとえば氏名を公にして発言することを躊躇せざるをえないなどということも生じえます。また、そうでなくとも、一般に、いわゆる「非当事者」が発言する方が客観性を確保でき、説得力が増すことがあるのも事実です。「当事者」が抱えつづけている苦悩を、「非当事者」が本当の意味で共有することはできませんし、その苦悩からくる問題に対する取り組みへのエネルギーを超えるものを「非当事者」が持つことは難しいかもしれません。しかし、「当事者」も「非当事者」も、自分がやれることをやるしかないし、それでよいのだと思っています。

　取り組みといっても、何も構える必要はなく、自分が置かれている状況で自分ができる範囲のことをすればよいと思います。たとえば、あなたが学生であれば、仲間内で話しているときに、「そういえば、この間、セクシュアル・マイノリティの講演会に行ってきたよ」と一言発するだけで、その中に当事者がいれば、「あ、この人には話せるかも」と思ってもらえるかもしれませんし、当事者がいなくても、それが嘲笑の対象ではない話題として友人の口から発せられるというだけで、仲間たちの認識に影響を与えることがあるでしょう。その一言でさえも、セクシュアリティを隠さざるをえない状況に追いやられている「当事者」には、口にすることができないという現実があるのです。

　　知らないことのこわさ

　私が長い間セクシュアル・マイノリティの問題を人権問題だと気づけなかった理由は、もちろん私自身の鈍感さにもあるのですが、日本の社会があまりにもセクシュアリティについて無関心に成り立っている点も大きいといわざるをえません。世の中には、セクシュ

アル・マイノリティに対する嫌悪感をあらわにする人々もいますが、大半の人々は、以前の私と同様、セクシュアリティが自分の意思で変えられないことであり、それが受容されていない現在の状況が人権問題であることを知らない（気づいていない）だけだといえると思います。人権という観点からの学校での教育、そして社会に出た後も続く生涯教育の重要性を私が痛感する理由は、そこにあります。

私の場合

　私はたまたま弁護士ですので、自分が所属する弁護士会の企画としてセクシュアル・マイノリティをテーマとしたシンポジウムを開催したり、弁護士会に働きかけてセクシュアル・マイノリティを対象とした定期的な無料電話法律相談を開始させたり、以前の私と同じように人権問題と気づいていない弁護士を減らすべく弁護士向けの研修を行ったり、中学校や高校から講師として呼ばれた際には必ずセクシュアル・マイノリティの話を盛り込むなどしたりして、自分が弁護士としてできることを少しずつやるようにしています。セクシュアリティ（性のあり方）の多様性を知って、おおげさでなく、私の人生観は大きく変わり、世界は大きく広がりました。セクシュアル・マイノリティの問題に限らず、「こうあるべき」という価値観を個々人に押しつけるような風潮が根強くあり、そのことに大半の人が気づいてもいない（意識しないままに人権侵害を助長してしまっている）という、日本の社会が抱える深刻な問題は、容易には解決できないようにも思われます。ですが、私のように人生観・世界観が変わる「非当事者」が徐々に増えていくことで、「当事者」の人生も「非当事者」の人生も社会全体も、必ず豊かなものになっていくと信じて、微力でも、自分ができることをしていきたいと思います。

chapter 10　障害・老い・病気・死別編

1 │ 1人暮らしのセクシュアル・マイノリティの老後

Ⓠ 私は64歳のゲイで、1人で暮らしています。パートナーはいません。両親は亡くなり、1人っ子なので兄弟もいません。今はまだ元気なので大丈夫ですが、これから年を取ると、体が不自由になったり、認知症になってしまったりして、1人で生活していくことができるのかどうか不安です。どうしたらよいでしょうか。今のうちに何かしておいた方がよいことはありますか。

Ⓐ 介護保険や任意後見契約など、国や社会が用意したいろいろな仕組みを使って、1人でも老後を生きていくことはできます。

体が不自由になったらどうするか

　あなたは1人で生活されているのですね。異性と結婚している人であれば、もし自分の体が不自由になっても、結婚相手が身の回りの世話をしてくれることが多いかもしれません。ただ、自分には身の回りの世話をしてくれる人はいない、どうしたらよいのだろう、やはり1人で暮らしているゲイは不幸なのではないか、もしかしたらあなたはそんな風に考えて不安な気持ちになっているのかもしれません。

　しかし、結婚している夫婦でも、2人とも年を取っていくのですから、必ずしも結婚相手に身の回りの世話をしてもらえるとは限りませんし、本当は夫の身の回りの世話をしたくないのに妻に大きな負担がかかっていることもあります。

　年を取れば、どんな人でも多かれ少なかれ体が不自由になっていきま

す。そして、1人で生活することができなくなったときには、人に介護をしてもらわなければなりません。そのときに役に立つのが、介護保険制度です。

介護保険は、介護サービスを利用したときに、料金の1割を自分で払い、残りの9割は国が支払うという制度です。介護保険は65歳から利用できます。

介護保険を使って介護サービスを受けるためには、自分が住んでいる市区町村の役所や地域包括支援センターに行く必要があります。そうすると、あなたの体の状態を調べて、体がどの位不自由になっているかによって、要介護度の認定を役所がします。この要介護度によって、どの位の金額まで介護保険を使って介護サービスを受けることができるかが決まります。

あなたが自宅で介護サービスを受けたいのであれば、ヘルパーに食事を作ってもらったり、掃除や洗濯をしてもらったりすることができますし、お風呂に入れてもらったり、リハビリを受けたりすることもできます。施設に入りたいのであれば、特別養護老人ホーム、サービスつき高齢者住宅、有料老人ホームなどに入ることもできます。

認知症になったらどうするか

また、年を取ると、だんだん頭がはっきりしなくなって、自分が何をしているのか、何をしなければならないのかがわからなくなってしまうことがあります。そんなときには、あなたの代わりに、あなたの財産を管理したり契約をしたりしてもらう人を決めるとよいでしょう。それが、成年後見制度です。ただ、成年後見制度を使うためには、あなたの親族が裁判所で手続をしなければなりませんが、あなたに身寄りがないのであれば、その手続がうまく進まないかもしれません。そこで、今のうちに、あなたの代わりにあなたの財産を管理したり契約をしたりする人を

chapter 10 ●障害・老い・病気・死別編　　227

選んでおく方がよいでしょう。それが、任意後見契約です。

　任意後見契約は、将来、あなたの頭がはっきりしなくなって、自分1人では正しい判断ができなくなったときに、あなたが信頼している人が代わりに後見人という法律で認められた立場で、あなたの財産の管理をしたり、あなたが自宅で介護サービスを受けるための手配をしたり、老人ホームの入居の手続をしたりする仕組みです（chapter 8−14を参照）。任意後見契約を結ぶ相手は、あなたが信頼する人なら誰でもよいのですが、弁護士や司法書士、行政書士などの専門家にすることもできます。

セクシュアル・マイノリティの老後の悩み

　施設に入れば他の入居者といろいろな話をすることになるでしょう。多くの入居者はセクシュアル・マイノリティではなく、話題といえば、子どもや孫の話か健康の話ばかりで、ついていけないかもしれません。他の入居者から、あなたのプライバシーを聞かれることもあるでしょうが、いろいろと詮索されるのは気持ちがよいものではありませんね。あるレズビアンの女性は、長年一緒に暮らしていたパートナーが亡くなってしまったので、やむをえず有料老人ホームに入居したのですが、その際、レズビアンとわかるものは一切捨てて入居し、パートナーの写真を自分の部屋に飾ることもしなかったそうです。施設の職員であっても、自宅で介護を受けるときのヘルパーであっても、残念ながらセクシュアル・マイノリティについて正しく理解しているとは限らず、無理解や偏見は老後にもつきまとってきます。そんなとき、もしあなたが自分で意見をいうことができれば、遠慮なく、施設の職員やヘルパーを雇っている会社や団体に、こういう点が不愉快だったといいましょう。それが難しければ、弁護士に頼んで、代わりにあなたがいいたいことをいってもらうこともできます。

あなたの老後の主役はあなた自身

　年を取って、体が不自由になったら、人に身の回りの世話を頼んで、人に不自由になった体を補ってもらうしかありません。また、年を取って、頭がはっきりしなくなって正しい判断ができなくなったら、あなたの代わりに正しい判断をしてもらう人を選んで、はっきりしなくなった頭を補ってもらうしかありません。それは、異性と結婚している人でも、同性のパートナーのいる人でも、１人で生きている人でも、同じです。そして、最期のときまで人間らしい人生を送るためには、人の助けを借りる必要がありますし、人の助けを借りることはあなた自身が最期まで自分らしい人生を送るための権利でもあります。そのために用意されているのが介護保険制度であり、成年後見制度なのです。

　あなたの人生の主役は最期まであなた自身です。介護保険制度や成年後見制度には不十分な点がありますが、このような仕組みを使い、自分らしい老後の人生とは何かを考えて、生きていくとよいかもしれません。

chapter 10 障害・老い・病気・死別編

2 | 遺言で財産を相続するってどういうこと？

Q 私は20年間、パートナーの真由美と一緒に暮らしています。今住んでいるマンションは真由美の名義になっていますが、家計もともにし、夫婦同然に生活してきました。真由美は「私が先に死んだら、財産があなたのものになるように遺言しておくね」といってくれています。遺言しておいてもらえば、真由美にもしものことがあっても、私が財産を譲り受けることができるのでしょうか。真由美には、両親とお兄さんが１人います。

A 遺言に「財産をあなたに遺贈する」と明確に書かれていれば、あなたが財産を受け取ることができます。

遺言書の役割

　亡くなった人が遺言を残していない場合は、その人の財産は法律で定められた相続人が相続することになります。相続人になれるのは、配偶者、子ども、親や祖父母、兄弟姉妹です。

　あなたがパートナーと養子縁組しているなどの事情がない限り、あなたはパートナーの相続人にはなりませんので、財産を相続することはできません。しかし、遺言書で、「死んだら財産をあなたに遺贈します」と意思表示をしておくことはできます。自分が死んだときに、財産をあなたにわたします、ということを遺贈と呼びます。遺言書がある場合は、遺言の内容が故人の意思として優先されますので、パートナーがあなたに財産を残すためには遺言書が必要です。

230　2 ● セクシュアル・マイノリティの暮らし

遺言書の注意点

遺言書を書くときに、いくつか注意点があります。

1つ目が、遺留分の問題です。

遺言は亡くなった人の最後の意思を尊重しようという制度ですが、遺産のうち一定割合は自由に処分ができないと決められています。これを遺留分といいます。

遺留分は、相続人が両親や祖父母などの直系尊属のみの場合は全遺産の3分の1、相続人がそれ以外の場合は全遺産の2分の1です。兄弟姉妹には遺留分はありません。

ですから、もし真由美さんが全財産をあなたに遺贈すると遺言書に書いたとしても、遺産の3分の1を彼女の両親から請求される可能性があります（1年以内に彼女の両親が請求しなければ、あなたのものになります）。遺留分の請求がされないように遺留分に配慮して、遺言書を書く必要があります。もしも、真由美さんが遺留分を超えてでも、あなたに財産を遺贈したいと思っている場合には、真由美さんの両親に事前に遺留分の放棄をしてもらうことが考えられます（家庭裁判所の許可が必要です）。それが難しい場合は、遺言書の中に、遺留分を請求しないようにしてほしいというあなたの気持ちを書いておくことも考えられます。

2つ目が、実際に遺言を執行するときの問題です。

実際に亡くなった人の財産を遺言に書かれた通りにわけるには、相続人の協力が不可欠になります。相続人の協力がえられずにスムーズに財産の移転手続をするには、遺言の通りに財産の移転手続をする人（遺言執行者）を、遺言の中で別に決めておく必要があります。

そうすれば、相続人の手を借りずに遺言執行者によって名義を変える手続ができます。遺言執行者にはパートナーを指定することもできますし、第三者である法律家を指定することもできます。

遺言をどう書くか

遺言には、主に自筆証書遺言と公正証書遺言の種類があります。では、実際に遺言を書くにはどうしたらよいのでしょうか。

自筆証書遺言は、遺言する人が遺言の内容をすべて自筆した上で、日付と名前を書いて印鑑を押すだけで作成できます。すぐに作れる方法です。しかし、自筆証書遺言の場合は、遺言した人が亡くなった後に家庭裁判所で検認という手続を経なければなりません。

検認手続は、遺言書の偽造や変造を防止するために、検認の日の遺言書の存在、内容、形状などを明確にするための手続です。検認手続の中で遺言の内容は相続人に知らされますので、内容に納得のいかない相続人が後日「その遺言書は無効だ」と訴えることも考えられます。封印のある遺言書は、家庭裁判所で相続人などの立会いがなければ開封できないこととされています。

また自筆証書遺言を作成する場合のルールはとても厳格です。たとえば、日付を書く場合でも、「○月吉日」というだけでは、日付を書いたということにはならず、遺言は無効になるといわれています。自筆証書遺言は、気軽に作成できる反面、所定のルールを満たしていないと、無効とされてしまう可能性があります。

一方、公正証書遺言は、公証役場の公証人が作成します。作成後の公正証書遺言の原本は公証役場に保管され、偽造、変造のおそれがありません。自筆証書遺言のような検認手続も不要です。公証人が遺言者の真意を確認して作成するので、記載に不備があって無効になることや、相続人との間で内容をめぐって争いになることも、自筆証書遺言に比べて少ないというメリットがあります。費用はかかってしまうものの、公正証書遺言を作成し、遺言執行者を決めておく方が、より安心でしょう。

chapter 10　障害・老い・病気・死別編

3 ｜ 自分が亡くなるときにパートナーに 財産を残す「信託」ってどんな方法？

Q 私は、連れ添って20年になる同性パートナーと、私が親から相続したマンションで２人暮らしをしています。仮に私が死んだり、高齢者介護施設に一生入ることになったりしても、パートナーが引きつづき私のマンションに住みつづけられるようにしたいと思っています。どのような方法がありますか。

A マンションを信頼できる第三者に委託して、あなたが亡くなった後などもパートナーが住めるように、信託契約をするという方法があります。

信託とは

　信託とは、ある人（委託者）が、信頼できる人（受託者）に財産を託し、その財産を、特定の人（受益者）のために管理したり、処分したりする制度のことです。

　信託というと、信託銀行などを思い浮かべるかもしれませんが、ここでいう信託とは、親しい間柄の人同士で財産の管理や移転を目的として行う、信託銀行などの業者が関与しない、民事信託のことです。後継者に財産を引き継がせたい中小企業の経営者や自分の死後に子どもの生活費を誰かに管理してほしいと考える親が、民事信託を利用するケースが増えています。

信託の仕組み

　委託者の財産が、信託財産として受託者に移転することになります。このときに、信託財産は、委託者の財産から切り離されますので、委託者が亡くなっても、委託者の親族が信託財産を相続することはできません。一方、信託財産は、受託者の名義になりますが、受託者自身のもともとの財産ではありませんので、受託者が自由に扱うことはできず、委託者と定めたルールにしたがって管理や処分をすることになります。当然、受託者が亡くなっても受託者の親族が信託財産を相続することはありません。

　受託者は、委託者と定めたルールにしたがって、受益者のために信託財産を管理・処分します。たとえば、信託財産が1000万円のお金であり、委託者がその1000万円を受益者の今後の家賃と生活費に使うようにルールを定めたとしましょう。その場合、受託者が1000万円のお金を信託財産として預かり、受益者に毎月の家賃と生活費に必要な金額だけを送金し、管理・処分することになります。仮に委託者が死亡してしまったり、認知症などになって判断能力がなくなってしまったりしても、信託財産が相続によって分散したり、誰かに使い込まれたりする危険はありません。

マンションの信託契約

　あなた名義のマンションを信託財産とし、あなたを委託者、事情をわかっていて信頼できる知人や親族、あるいはこれまで相談に乗ってもらっていたNPO法人などを受託者として信託契約を作ります。信託契約の目的は、あなたとパートナーが元気なうちは安心してあなたのマンションで生活をすること、としましょう。あなたが元気なうちはあなたが自分のマンションに住めなくなると困りますので、まずあなた自身を受

益者とする信託契約を結びます。そして、この信託契約には、亡くなった後あるいはあなたが高齢者介護施設に一生入ることになった後は、パートナーを受益者（第2次受益者）とする決まりを作っておきます。受託者は、あなたとパートナーがそれぞれ元気なうちはあなたのマンションに2人とも、あるいは片方が安心して住めるようにあなたのマンションを管理します。あなたが亡くなった後、あなたの親族があなたのマンションを相続したいといっても、あなたのマンションは受託者の信託財産として登記されていますから、パートナーの暮らしを守ることができます。

セクシュアル・マイノリティにとっての信託のメリット

　信託の仕組みは、同性パートナーの関係をよく理解していない親族がいる場合に、特に効果を発揮します。

　たとえば、あらかじめ契約であなたの死後のマンションの管理・処分方法を決めていますので、あなたの死後にあなたの親族とパートナーがマンションをめぐって話しあいをする必要はなく、パートナーは安心してそのマンションに住むことができます。

　また、あなたが認知症などになって、あなたの親族があなたに成年後見人をつけた場合であっても、信託契約の定めに反して、あなたのマンションが処分されたり、パートナーが追い出されたりするおそれはありません。逆に、信託契約などをしておかなければ、パートナーは単なるあなたの同居人であり、マンションに無償で住みつづけることをあなたの成年後見人に認めてもらえない可能性があります。

　その他にも、残余財産受益者を決めておくことができるというメリットもあります。たとえば、あなたが、あなたもパートナーも亡くなった後は、マンションをパートナーの親族ではなく、仲がよかったあなたの親族にあげたい、あるいは生前お世話になったNPO法人に寄付したい、

chapter 10 ● 障害・老い・病気・死別編　　235

と考えたとします。その場合、信託契約で、あなたもパートナーも死亡した場合には信託契約を終了させることにし、残余財産受益者を指定しておきます。そうしておけば、あなたもパートナーも亡くなった後は、残余財産受益者がマンションを自由に使ったり売ったりできるのです。仮にあなたがパートナーに対してマンションを遺言であげたり生前贈与したりしてしまうと、パートナーの死亡後はパートナーの親族がマンションを相続することになります。

税金への対応と受託者選び

　信託を考えるときに気をつけたいこともあります。まずは、税金の問題です。あなたの場合、パートナーが受益者の地位をあなたから引き継いだときに贈与税を支払わなければなりません。次に、あなたの親が存命の場合には、遺留分の問題が発生する場合もあります。そのため、あらかじめ贈与税がいくら位かかるのか、遺留分はどれ位の金額になるのかを専門家に試算してもらって、節税・納税対策、遺留分の支払い方法について検討し、支払いが難しい場合には別の手段を考える必要があるでしょう。

　受託者は、信託事務を行う上で、信託法上のさまざまな責任を負わなければなりません。受託者を誰にするのか、誰が引き受けてくれるのか、というのはとても悩ましい問題です。受託者は信頼できる友人や親族でもよいですし、法人でも構いません。受益者自身を受託者にすることも可能ですが、受益者が受託者に適しているかは、場合によります。受託者が死亡してしまった場合に備えて、後継受託者を定めておくこともできますし、受託者がいなくなってしまった場合には、裁判所が委託者や受益者の関係や信託財産の内容などを考慮して、受託者を選んでくれます。

セクシュアル・マイノリティと信託

　信託は、無数のバリエーションが考えられ、信託法の定めを守れば、その人の生き方や考え方を反映した仕組みを自由に作ることができます。セクシュアル・マイノリティにとって、自分とパートナーの将来を考えるとき、とても役に立つ方法です。法律や税金の専門家を活用しながら、よりよい方法を考えましょう。

chapter 10　障害・老い・病気・死別編

4 ｜ 法的に結婚できる夫婦との相続税の違い

Q 長年連れ添った同性パートナーに遺産を残したいと考えて、遺言書を作っています。先日、遺言書による遺産の贈与だと、法的に結婚した夫や妻への相続と比べて相続税が高くなるというニュースを見ました。どれ位変わるのでしょうか。

A 同性カップルにかかわらず、結婚していないパートナーへの遺言書による贈与（遺贈）では、結婚している夫婦よりも相続税が発生しやすいです。そして、課税される場合は、その税額が高くなることがあります。

お金持ちだけに相続税がかかる訳ではない

相続税は、亡くなった人の遺産総額から、基礎控除額を引いた額に税率をかけて計算します。遺産総額がこの基礎控除額より低い場合、相続税は発生しません。

相続税は、従来はどちらかというとお金持ちにだけかかっていましたが、2015年から基礎控除額がこれまでと比べて6割引き下げられたため（3000万円＋600万円×法定相続人の数）、相続税を申告しなければならない人の数は大幅に増加しました。なお、配偶者は必ず法定相続人になりますが、養子縁組をしていない同性のパートナーは法定相続人になれないため、基礎控除額が少なくなります。

同性カップルがパートナーに遺贈する場合と、配偶者に相続する場合では、相続税の計算方法が異なり、結果的に遺贈の方が高い税額になり

238　2 ● セクシュアル・マイノリティの暮らし

ます。

夫婦と同性カップルの違い

　最も大きな違いとして、配偶者の税額軽減が適用できるかどうかがあげられます。配偶者の税額軽減とは、配偶者が取得した遺産は、１億6000万円か遺産総額のうち配偶者の法定相続分相当額のいずれか大きい額までは、相続税がかからないという措置です。法定相続分とは、法律で決められた相続割合のことです。もし、子どもや両親や兄弟姉妹がいないために配偶者の法定相続分が100％であれば、遺産総額がいくら多くても相続税がかからないことになります。この措置は、法的に結婚していない同性カップルには適用できず、養子縁組をしていても適用できません。

　また、遺産に土地が含まれる場合、親族である配偶者が取得した土地は、評価額が最大80％減額される小規模宅地の特例の対象になりますが、親族でない同性パートナーへ遺贈された土地は、この特例が受けられません。不動産の評価額は、遺産の中でも大きな金額を占めるケースが多いため、税額に大きな違いが出ます。

　さらに、生命保険金を受け取った場合、相続人である配偶者は非課税限度額（500万円×法定相続人の数）の対象になるのに対し、相続人でない同性パートナーが受け取った保険金は非課税の対象になりません。

　その他、法定相続人かつ相続人（法定相続人のうち、実際に遺産を受け取った人）である配偶者であれば適用できる、債務控除、未成年者控除、障害者控除、相次相続控除という控除が、同性パートナーの遺贈の場合は受けられません。

　そして、亡くなった人の配偶者や１親等の血族以外である同性パートナーへの遺贈に対して算出された相続税額は、相続税額が２割加算されて税額が1.2倍になります。

chapter 10 ● 障害・老い・病気・死別編　　239

もし、遺産の中に不動産がある場合、相続税以外の税金にも違いが出ます。配偶者が相続により取得した土地や建物には、不動産取得税がからず、不動産登記の際の登録免許税も軽減されます。一方、同性パートナーが遺贈により取得した場合は、不動産取得税がかかるほか、登録免許税も配偶者が相続した不動産に比べて5倍になります。

　このように、財産をパートナーに残すということは同じであっても、法的に結婚している夫婦と比べると、同性カップルでは、財産を確実に託すこと自体の敷居が高い上に、その後の税額にも大きな違いが出るのが現状です。

chapter 10　障害・老い・病気・死別編

5 | 年金などの社会保障制度でパートナーはどう扱われる？

(Q) 会社で同僚が、妻や子どもの社会保険の被扶養者届を出していたり、自分が死んだ場合に遺族年金が出るのかといっていたりするのを聞き、自分の同性パートナーの場合はどうなのだろうと気になりました。ただ、社会保険の仕組みが複雑で、よくわかりません。どうなるのでしょうか。

(A) 社会保険の被扶養者や遺族年金の受給者に同性パートナーが含まれるのか、まだ明確な判断が出されていないのが現状です。

社会保険の仕組み

　社会保険とは、健康保険、公的年金、介護保険、雇用保険、労災保険を指します。疾病、高齢期、介護、失業、労働災害などのリスクに備えて、みんなで財源を出して支えあう制度です。社会保険は、国や地方自治体、法律に定められた組織が運営し、条件にあてはまる人は強制的に加入することになっています。加入先は、多くが職域ごとに定められており、収入から保険料を納付します。

　しかし、家事をしていて外で働いていないなど収入がなく、誰かに扶養されている場合は、扶養者が払う保険料でサービスが受けられるようになっています。具体的には、会社などへ勤めている人の配偶者で年収が130万円未満の人は、配偶者が加入する健康保険で病院などにかかれます。また、自分が年金保険料を払わなくても、配偶者が加入する厚生年金が基礎年金部分（国民年金に相当する部分）を負担してくれます。さ

らに、扶養者が亡くなった場合、遺族年金が支給されます。このように法律は、会社などに雇われて働いている人の収入のない配偶者を保護する仕組みを設けています。

この配偶者は、法的な婚姻関係に限りません。健康保険法や厚生年金保険法には、「届出をしていないが、事実上婚姻関係と同様の事情にある者を含む」と定められていて、事実婚も含まれています。たとえば過去には、厚生年金の被保険者であったおじと内縁関係にあった姪が、遺族厚生年金の支給を受けることのできる配偶者にあたるとされた最高裁判所の判断もあります。

おじと姪は、3親等以内の血族ですので、本来は婚姻ができない関係にあるのですが、それでも、内縁関係の実態に着目して年金の受給を認めたものです。

同性パートナーは事実婚にあたるのか

この「届出をしていないが、事実上婚姻関係と同様の事情にある者を含む」に同性パートナーがあてはまるのかは、これまで誰も確かめたことがありませんし、官公庁などからも示されたこともありません。まずは職場の担当部署や関係省庁への問合せ、最終的には裁判などを通じて、今後明らかになるでしょう。

また、社会保険とは異なりますが、両親や配偶者の介護のために休暇を取る権利が、育児介護休業法で決められています。この配偶者にも、「届出をしていないが、事実上婚姻関係と同様の事情にある者を含む」という規定があります。この場合も、社会保険と同様に、制度を利用できるのかどうかという問題があります。会社の総務担当者に質問したり、会社の対応がよくない場合には専門家の意見を聞いたりして、不安を1つずつ取り除いていきましょう。

chapter 10　障害・老い・病気・死別編

6 ｜ パートナーを生命保険の受取人にできる？

Q 私は同性のパートナーと一緒に暮らしています。老後の生活の
ために、生命保険に入ろうか考えています。ただ、気がかりな
のは、私自身が保険金を受け取る前に、死んだり植物状態にな
ったりしたら、パートナーは保険金を受け取ることはできない
と聞きました。パートナーに保険金を受け取らせることはでき
ないのでしょうか。

A 法的には、同性のパートナーを生命保険金の受取人にすること
はできます。保険会社の中には受取人にすることを認めている
ところもありますが、多くはまだ認めていません。しかし、今
後は、多くの会社が認めるようになるでしょう。

生命保険の仕組み

　生命保険とは、人の生死に関して一定額の保険金を支払う内容の保険
のことです。契約期間中に被保険者が死亡したときに、保険金が支払わ
れるタイプの保険が典型です。ある時期になったら一括または分割で保
険金が支払われる個人年金保険や、満期になると満期保険金が支払われ
る保険なども、ある時期に生存していることを条件に保険金が支払われ
るタイプの保険ですから、これらも生命保険に含まれます。

　生命保険の保険金は、保険をかけている本人が生きているうちは、そ
の人が保険金を受け取ります。しかし、その人が亡くなったときに保険
会社から支払われる死亡保険金については、受取人をあらかじめ決めて

おく必要があります。

　死亡保険金の受取人は、生命保険を契約する際に決めるのが一般的です。契約の際に受取人を決めることを、保険金受取人の指定といいます。また、契約成立後に、当初指定していた受取人を別の人に変えることを、保険金受取人の変更といいます。同性パートナーを保険金受取人にすることができるかどうかについては、指定と変更では大きく異なります。

保険金受取人の指定

　現在販売されている生命保険の中で、同性パートナーを保険金受取人に指定できるものは、ライフネット生命、日本生命保険、かんぽ生命などの一部のみです。多くの生命保険で同性パートナーを保険金受取人に指定できない理由は、約款、内規などの各社のルールによって、保険金受取人を配偶者や親、子どもといった2親等以内の親族に限定しているからです。ちなみに、生命保険について定めている保険法では、保険金受取人を誰に指定するかについて制限していません。しかし、各社は自社のルールによって保険金受取人になれる人の範囲を狭めています。ただ、なぜ保険会社が受取人の範囲を狭めるのかというと、監督官庁である金融庁の指導によるものといわれています。

　ところが、昨今、同性カップルの存在が広く知られるようになったことで、少しずつではありますが、同性パートナーを保険金受取人に指定することができる会社が増えてきました。これは、同性カップルのニーズに応えたもので、歓迎すべき流れです。

保険金受取人の変更

　それでは、保険金受取人を2親等以内の親族に指定した上で、契約成立後に、保険金受取人を同性パートナーに変更できるのでしょうか。結

論としては、生命保険の約款で保険金受取人を配偶者などに限定しているところ以外では、保険金受取人を同性パートナーに変更することができます。

保険法では保険金受取人を配偶者などに限定していないので、原則として保険金受取人は自由に決められます。ですが、保険金受取人を配偶者などに限定する内容の約款がある場合には、保険金受取人を同性パートナーに変更することはできません。つまり、約款で限定されているかどうかが、同性パートナーを保険金受取人に変更できるかのポイントです。内規などの各社のルールが限定しているかどうかではありませんので、注意してください。

なお、保険金受取人の変更には、同性パートナーであることを示す書類（たとえば、同性パートナーシップ契約書など）は、法的には不要です。

具体的にどうすればよいか

生命保険の約款で保険金受取人を配偶者などに限定していない限り、同性パートナーを保険金受取人に変更することは、法的には認められています。しかし、このことを知らない生命保険会社の担当者が非常に多いのが現実です。そのため、保険金受取人を同性パートナーに変更しようとしても、担当者から「配偶者や２親等以内の親族しかダメだ」といわれてしまうことが多いです。

生命保険会社が保険金受取人の変更に応じない場合は、約款を丁寧に読んで、保険金受取人が制限されているか確認しましょう。制限されていなければ変更することができます。

変更をするには、生命保険会社の担当者に変更したいことを伝えて、それから、必要書類を書くことが一般的です。ですが、保険会社の担当者がどうしても変更に応じない場合には、内容証明郵便という方法で、保険会社に変更することを書いた通知文を送ります。一般的には、その

chapter 10 ● 障害・老い・病気・死別編　　245

通知文が到着した時点で、受取人が変更されます。

　この他に、遺言で受取人の変更をすることができます。ただし、遺言で変更するよりも、契約した人が生きているうちに変更する方をおすすめします。

　1つ注意が必要なのですが、これまでの話は、保険法が大幅に改正された2010年3月31日以降に契約した生命保険についてです。それ以前に契約したものは、保険法の受取人に関する規定の適用がないので、保険金受取人を同性パートナーに変更できないケースもあるかもしれません。この場合は、専門家の判断が必要になります。

高度障害保険金や入院給付金の場合

　ここまで、生命保険の場合の保険金受取人の指定と変更について説明してきました。死亡ではなく、交通事故などで植物状態になったときなどの高度障害保険金や、入院した場合の入院給付金の受取人についてはどうなるでしょうか。保険をかけていた人に治療費や入院費などの損失が生じているため、保険金受取人を本人以外に変更できないと約款で定めている場合が多いです。

　この場合、同性パートナーが本人の代わりに保険金を請求する方法として、2つあります。1つは、同性パートナー同士で任意後見契約（chapter 8－14を参照）を結んでいる場合、家庭裁判所に申立をして、任意後見人となった後に保険金を請求することができます。もう1つは、生命保険の約款に定めている指定代理請求人として請求する方法があります。ただし、約款で指定代理請求人を配偶者や親族に限定していることが多く、同性パートナーが指定代理請求人にはなれないこともありますので、注意してください。

chapter 10　障害・老い・病気・死別編

7 | パートナーが亡くなった後、死亡届や葬儀・お墓はどうなる？

Q 最近、同性のパートナーとお互いが亡くなった後のことを話しあうようになりました。同性のパートナーが亡くなったとき、私が死亡届を出せますか。また、パートナーは親族とは疎遠ですが、パートナーの親族に対し、遺骨をわたすことを拒むことはできるでしょうか。私が葬儀を行うことができるかや、その費用、またどんな葬儀ができるのかも気になります。

A 同居人などは死亡届を出す権限がありますが、そうでない場合は家主などにお願いすることになります。また、遺骨を所有して葬儀を行うには、生前にパートナーから祭祀主宰者や喪主に指定してもらっておきましょう。

死亡届を出せる人は限られている

死後、最初に困ると思われるのは、死亡届の提出です。火葬や埋葬のためには許可証が必要ですが、許可証の交付は、死亡届の提出が前提となります。死亡届を提出できるのは、戸籍法で、親族、同居者、家主、地主、家屋または土地の管理人、後見人、保佐人、補助人、任意後見人、病院など公設所の長と定められています。同居していたり、任意後見人であったりして死亡届が出せる場合はよいのですが、そうではない場合で親族にかかわりなく死亡届を出したい場合には、家主や、死亡時に入っていた病院長に死亡届をお願いすることが考えられます。しかし、親族がいれば親族を届出人とすることが一般的ですので、スムーズに進ま

ないかもしれません。

遺骨の引きわたし要求を拒むには

次に、パートナーの親族から「遺骨をわたしてほしい」などといわれた場合、拒むことはできるでしょうか。

過去の最高裁判所の判断では、遺骨は、祭祀主宰者のものであるとなっています。祭祀主宰者とは、祖先の祭祀を主宰するべき人のことです。では、どのようにして祭祀主宰者は決まるのでしょうか。

亡くなった人が指定していれば、その指定によります。指定していなかった場合はまず慣習によります。慣習が明らかでないときは家庭裁判所が定めます。

指定の方法には限定がありませんので、書面ではなく口頭でもかまいません。しかしながら、トラブルを避けるには、書面、それもできれば公正証書で残しておいた方がよいでしょう。遺言の中に盛り込むこともできますので、公正証書遺言にして残すこともできます。

また、祭祀主宰者が葬儀で喪主（葬儀の主宰者）を務めることは多いと思われますが、必ずしもそうとは限らないこともあり、法律上どうなるか明確ではないので、あなたが喪主になることもはっきりとしておいた方がよいでしょう。パートナーには、祭祀主宰者の指定とともに、喪主についてもあなたとすることを書面で残しておいてもらいましょう。

ただ、祭祀主宰者や喪主に指定されているといっても、何も知らなかった親族としては直ちに受け入れられず、故人を悼む場が争いの場になってしまうことも考えられます。難しいことではありますが、できれば、生前、パートナーとの関係を親族に伝え、親族の理解をえておくとよいでしょう。また、生前に伝えることが難しければ、せめても、あなたとパートナーのこれまでの関係、あなたに対する気持ち、親族へのお願いなどをパートナーに書いておいてもらい、死後にパートナーの親族に読

んでもらって理解してもらえるようにしておいた方がよいでしょう。亡くなった後は、亡くなったという事実に気持ちの整理がつかないまま、さまざまな事柄が慌ただしく進むことが多いと思います。親族が死後に初めて故人の思いを知り、葬儀などについて希望を尊重することは、難しいことが多いでしょうが、理解がえられるようにできるだけ準備をしておきましょう。

葬儀費用は誰が負担するのか

葬儀費用を負担する人についての裁判所の考え方はまとまってはいませんが、有力なのは葬儀の主宰者が負担するという考えです。一般的にも、そう考えられていることが多いでしょう。

では、パートナーがあなたに葬儀費用の負担をかけさせたくない場合には、どうすることができるでしょうか。そのためには、次の4つの方法があります。1つ目は、生前に、パートナーとあなたとで契約を結び、葬儀やお墓のことなど死後の事務を委任してもらっておく（この契約を、死後事務委任契約といいます）ことです。2つ目は、葬儀や埋葬のための費用をあなたに相続させるよう遺言に定めておくことです。3つ目は、葬儀費用を対象とした生命保険に加入しておくことです。4つ目は、葬儀社などと特別な契約（信託契約）を結び、事前に預けておくことです。

これらの方法は、専門的で難しいところもあります。行政書士、司法書士、弁護士などの法律家を活用しながら、スムーズに進めましょう。

どんな葬儀ができるのか

一般的に今行われている葬儀は、「一般葬」、「家族葬」、「直葬」にわかれます。一般葬は、職場や学校などの人にも来てもらうものです。家族葬は、家族親族とそれ同様のつきあいのあった人だけに来てもらうも

chapter 10 ● 障害・老い・病気・死別編　　249

のです。直葬は、葬儀はせずに火葬場に行くまでの間にごく少数でお別れをするものです。

　また、これ以外にも、本人が元気なうちにお別れしたい人に集まってもらう「生前葬」や、死後に葬儀という形式ではないお別れの場を作る「お別れ会」などもあります。

　どういう葬儀をするかを考えるときにポイントとなるのは、「誰に送ってほしいか（親しい人だけにするのか、お世話になった人みんなに来てもらうかなど）」、「どういう形でお別れしたいか（元気なうちに行っておくのか、葬儀の場にするのか、お別れ会にするのかなど）」、「宗教的なものにするか（どういった宗教・宗派のものにするのか、また無宗教にしたいのかなど）」の3つです。

　また、お墓についてですが、一般的なお墓としては、家墓があります。家墓は、家族が代々引き継いでいくという考えに基づいており、パートナーとともに入ることは多くの場合難しいでしょう。

　ですが、最近は多様なお墓の形が生まれており、それらは「家」というつながりに関係なく入ることができます。そのようなお墓が、特定の個人のために作る「個人墓」、夫婦や友人知人など仲のよかった人たちのための「共同墓」、生きている間につながりのなかった人たちのための共同のお墓である「合葬墓」などです。これらのお墓は、永代供養といって、家族にお墓を管理する人がいなくても、一定の期間または期間を決めずに、お墓を維持管理してくれる権利と一緒に契約することが一般的です。永代といっても、一定期間に限られるケースもある点には注意が必要です。また、お墓を買っても、通常は、お墓の立っている土地自体を購入している訳ではありません。もし、墓地使用料や墓地管理料が支払われないままになると、無縁墓と見なされて、遺骨が他のところに移されてしまうこともあります。

　お墓以外にも、納骨堂、本山納骨、散骨、樹木葬、手元供養などの弔い方もあります。

葬儀についてもお墓についても、自分やパートナーに向いているのは
どういう方法かを、パートナーと、できればそれぞれの親族とも、よく
話しあっておきましょう。

chapter 10 ● 障害・老い・病気・死別編　　251

コ ラ ム

曖昧に揺らぎつづけるわたし

宮田 りりぃ

小学生時代

　小学生の頃は、性別違和で深刻に悩んだという記憶はありません。わりと楽しい田舎暮らしの生活で、外でドッジボールや野球をすることが大好きな少年でした。ただ、「コロコロコミック」という雑誌で連載されていた小野敏洋さんのマンガ『バーコードファイター』（1992年〜1994年）のあるエピソードを読んで、雷に打たれたような衝撃を受けたことははっきり覚えています。それは、物語の中盤あたりで突然ヒロインの女の子に男性器がついていることが判明し、当初周りの人たちは驚くものの、それを知った後でもヒロインを女の子扱いしつづけるというものでした。自分もこのヒロインみたいになれるとはまったく思いませんでしたが、このヒロインみたいになれたら楽しいだろうなとは思いました。

青少年時代

　小学生の頃とは対照的に、10代半ばから後半にかけてはあまり楽しい記憶はありません。特に、太いすね毛やひげが生えてきたことがすごく嫌でした。また、その頃にはテレビやインターネットなどで性同一性障害という病名を知るようになり、「ひょっとしたら自分も病気かもしれない」と思ったこともありましたが、私は小さい頃からヒーローとかロボットが好きでしたし、自分が男の子であることを自明視していたし、性別適合手術を受けたいと思ったこともなかったので、性同一性障害について調べるたびに「自分は病気ですらない、この感覚は訳がわからない」と途方に暮れてしまいまし

た。その後、私は何度か引きこもるようになりました。

　21歳の頃、まったく出口が見えない、ただ毎日が過ぎていくだけの引きこもり生活から何とか抜け出さなくてはいけないと思い、田舎から大阪の都市部に移り住んで1人暮らしをすることを決意しました。それが大きな転機となり、その後間もなく、大阪の繁華街である北新地やミナミでボーイやピアノ演奏のアルバイトをはじめ、それまでの生活とは180度位違う刺激的な日々を過ごしました。とりわけ、華やかな夜の都会で働く人々とのかかわりを通して、魅力的な女性／男性のイメージや恋愛関係が意図的、計画的に演出されていく様を間近で見ることがおもしろくてたまらないという感じでした。

　さて、こうした生活を送る中で偶然出会ったのが、同年代のニューハーフのAさんでした。Aさんからは、男性同士でセックスをするテクニック、望みの身体的特徴を獲得する方法、大阪のニューハーフ事情など、たくさんのことを教わりました。そうして知識や情報が増えていき、私もニューハーフとして働きたいと思うようになりました。

ニューハーフ時代

　20代前半の頃、インターネットを通してニューハーフ初心者歓迎のお店を探し出し、面接を経て働きはじめました。薄化粧でショートヘアのボーイッシュな女の子を目指していた私に「そんなニューハーフいないから」と嫌悪感を示す先輩もいましたが、周りの人たちが私を女性扱いしてくれたことで安心感や自信がえられたし、ニューハーフ同士でたくさん遊んだり、年上の男性と手をつないで一緒にデートしたりして、ニューハーフとしての生活は楽しい思い出の方がずっと多いです。ちなみに、当時はニューハーフ・ブームといえる状況でお店も流行っていて、脱毛やホルモン療法、美容、洋服などに使えるお金を十分稼げたことや、1人暮らしだったので家

族や近所に気兼ねなく女装できたことなども、楽しい生活を支えた重要な要素だったと思います。

しかしながら、こうした生活を何年か送っていると、次第に楽しいとは思えなくなってきました。お店には自分よりも若い後輩たちが増えてくる一方、自分よりも年上の先輩たちはさまざまな理由でお店を辞めていき、「私もそろそろ新しい生き方を考えないといけないかな？」と不安を感じるようになったのです。そこで私が取った行動は、本や新聞を読みはじめたり、インターネットで見つけたシンポジウムなどに積極的に参加したりすることでした。

そうするうちに、偶然参加したあるイベントで男性学という学問に出会いました。その学問が私に与えたインパクトは、「男らしさの抑圧」に苦しむ男性もいるということ。私はその頃、自分のことをニューハーフだと思っていましたが、長年男の子であることを自明視していたので、「男らしさの抑圧」は自分が感じてきたモヤモヤを表明するのにわりとしっくりくるフレーズでした。また、男性学を学べば、そうしたモヤモヤの解明につながるような気がしました。そこで、思い切って大学に入学して、男性学を学ぶことを決意したのです。その後、しばし勉強漬けの日々を送り、27歳で大学に入学しました。

大学生時代

大学生活では、外見のせいだったのか、少人数制の講義などで周りの学生から「あいつ性同一性障害ちゃう？」みたいなことをヒソヒソいわれ、ちょっと肩身の狭い思いをしました。しかし一方で、講義や読書を通して、医学以外にもいろんな学問分野で性別違和に関する研究の蓄積があるとわかり、大学に入ってよかったと思いました。

また、こうした学びの中で出会ったのが、トランスジェンダーやトランス女性といった言葉でした。これらを使えば、心や身体が男

性だの女性だの表明しなくてよいし、「どちらかというと女性です」っていうこともできる、とても便利な言葉だと思いました。これらの言葉を知ってから、私は自分のことをトランスジェンダーとかトランス女性だと思うようになりました。

これまでの自分から

こうして自分史をざっと振り返って思うのは、私は男の子とかニューハーフとかトランス女性とか、自分についていろんなイメージを持ちながら性別違和の悩みをやり繰りしてきたんだなということです。この自分史を通して、女か男かのどっちかで生きていくかはっきり決めなかったり、ずっと同じ性別で生きていこうと思わなかったりする、そういう人間も当たり前にいるんだということを知っていただければうれしいです。

コラム ● 曖昧に揺らぎつづけるわたし 255

3

セクシュアル・マイノリティの法律相談

chapter 11　相談の仕方と法的手続

1 ｜ 法律相談は、どういう場合に、どこに相談すればよい？

Ⓠ　法律的な相談をしなくてはならない事情を抱えています。ただ、弁護士、司法書士、行政書士などいろんな専門家がいるので、今困っていることを誰に相談したらよいかわかりません。どの専門家が、どういった相談を聞いてくれるかを、相談に行く前に教えてください。

Ⓐ　それぞれ対応できる分野や得意な分野が違います。ただ、専門家同士はつながりがあるので、別の専門家を紹介してくれることもあります。ひとまず、「これかな」と思う専門家に問いあわせてみてください。

弁護士とは

　法律業務全般を扱います。民事事件、家事事件、行政事件、刑事事件など、あらゆるトラブルについて、相談だけでなく、代理人や弁護人として、裁判手続を最後まで担うことができます。特に、すでにトラブルになっている事件を解決することができるのは、弁護士に限られています。

司法書士とは

　不動産の登記や会社の設立など、法務局に提出する文書や裁判所に提出する書面の作成・相談、一定の条件を満たした認定司法書士は、140

258　　3 ● セクシュアル・マイノリティの法律相談

万円以下の民事事件に限って、代理人としての交渉や裁判、相続や後見
などの業務を行っています。

行政書士とは

　各省庁、地方自治体、警察署、入国管理局などに提出する文書や、遺
産分割協議書、離婚協議書、任意後見契約などの権利義務に関する書類、
事実証明に関する書類などを、作成したり、提出を代わりに行ったり、
相談に応じたりしてします。

税理士とは

　確定申告書や相続税申告書など、税金の申告に必要な書類を作成した
り、税金や経営に関する相談を受けたりしています。税金にはさまざま
な種類がありますが、特に法律上の親族でない関係での相続税・贈与税
については、税理士に相談するとよいでしょう。

社会保険労務士とは

　残業代の未払いや職場でのハラスメントなどの労働に関することや、
年金・健康保険・労災保険などの社会保険に関することについて、書類
を作成したり、相談を受けたりしています。

自分なりに調べて、「これかな」と思う専門家に相談してみる

　体の調子が悪いときに、自分で「内科かな」と思って受診してみたら、
違う科の病院に紹介状を書いてもらったという経験がある人もいると思
います。法律相談も同じで、自分の悩み事をどの専門家が得意としてい

るかがわからなければ、自分で考えた専門家に相談してみると、違っていても適切な相談先を紹介してくれます。

　具体的な相談先が思いつかなければ、各都道府県にある弁護士会、司法書士会、行政書士会、税理士会、社会保険労務士会などの団体が相談窓口を設けていたり、市区町村が相談を行っていたりします。また、お金がない場合でも、国が設立した法テラスという機関が、無料で弁護士による相談を行っています。

　ただ、どの相談窓口でも、どんな人に相談に乗ってもらえるかがわからないので、相手がセクシュアル・マイノリティに理解のある人かどうかはわかりません。この本の最後の「相談機関一覧」には、セクシュアル・マイノリティに理解のあるところも載っているので、そちらに相談する方が安心かもしれません。

　そもそも法律の問題なのかどうかもわからないという場合でも、まずは相談してみるとよいですが、専門家に相談することを悩んでいる場合には、セクシュアル・マイノリティの相談を受けつけているNPOやコミュニティセンターなどに相談してみるのも、1つの方法です。

chapter 11　相談の仕方と法的手続

2 | どの位、お金はかかる？　親に知られずに相談できる？

Ⓠ　僕は未成年の学生です。元彼とトラブルになってしまい、200
万円のお金を支払わないと裸の画像をインターネットにばらま
くぞといわれています。親には僕がゲイであることはいってい
ないので、このことを相談できません。親に知られずに、誰か
に相談することはできますか。また、その場合にどの位お金が
かかりますか。

Ⓐ　高額なお金のトラブルですし、恐喝という犯罪にあたるので、
早く弁護士に相談しましょう。親に知られずに相談することも
できます。無料相談を利用すれば、お金はかかりません。

相談する法律家

　今回のケースは高額のお金のトラブルですし、元彼からの請求は恐喝
という犯罪にあたるので、相談する法律家は弁護士がよいでしょう（た
とえば、140万円未満のトラブルであれば、司法書士に相談することもできま
す）。弁護士などの法律家は、この先書いていくように、あなたの味方
になってくれます。

法律家は依頼者のために働く

　法律家に相談をすることは、日常生活ではあまりないかもしれません。
一生、法律家に相談をすることのない人もいます。そのため、法律家が

261

どういった人なのかわからず、相談すると高いお金がかかるのではない
か、相談した内容を親に話されてしまうのではないかと、心配になるか
もしれません。

　しかし、費用を払えない人が法律家に相談できるように、さまざまな
団体が取り組みを行っています。また、法律家はあなたの悩みにきちん
と向きあって、あなたが不安に思っていることを一緒に解決していくこ
とを心がけています。

　親に相談内容を知られたくないというあなたの気持ちの背景には、さ
まざまな思いがあるでしょう。法律家には秘密を守る義務（守秘義務）
がありますから、あなたから聞いた相談の内容を、他の人に話すという
ことはありません。たとえ親であっても、あなたが親に話してほしくな
いという場合は、法律家は親から説明を求められても、親に相談内容を
話しません。

　ですので、安心して法律家に話してください。

　しかし、事件の内容によっては、親の協力をえる必要があることもあ
ります。その場合は、あなたと相談をして、どのような説明をすれば親
にきちんと理解してもらえるかを一緒に考えます。

無料で相談できるところもある

　相談に必要な費用は、法律家や法律相談を主催する団体によって違い
ます。法律家によっては、初めての相談は無料で受けてくれるところも
ありますし、法律相談にも無料のものがあります。弁護士だと、各都道
府県にある弁護士会が行っている「子どもの人権110番」などは、無料
で電話相談をすることができます。

　また、法テラスを通じて無料で相談することもできます。法テラスの
無料相談は、未成年でも一定の条件を満たしていれば同じ相談を３回ま
ですることができます。多くの弁護士が法テラスを通じた無料相談を受

けつけているので、電話で相談の依頼をするときに法テラスの無料相談を使いたいと伝えておきましょう。

　相談の結果、弁護士などに依頼することになったときも、一定の条件を満たしていれば法テラスが弁護士費用などを立て替え、相談者が法テラスに分割で弁護士費用を返還するという制度を使うことができます。ただし、未成年の人が依頼する場合は、親権者の同意が必要なので、親にトラブルの内容を伝えることになります。もしも、親権者が弁護士への依頼を同意してくれない場合であっても、日本弁護士連合会を通じて弁護士費用の援助を受けられる可能性もあるので、あきらめる必要はありません。

　確かに、法律家に相談するのは、大人でも勇気や労力が必要です。「専門的な話しかしなさそう」、「上から目線で怒られそう」、「相手がどんな人かわからないので、味方になってくれるか不安」などの気持ちを抱くと思います。しかし、相談することが遅れてしまったことで、問題がより複雑になってしまい、問題を解決することが困難になる場合もあります。信頼できそうな法律家に少しでも早く連絡を取るのが、問題を早く解決する一番の方法です。

chapter 11 ● 相談の仕方と法的手続　　263

chapter 11　相談の仕方と法的手続

3 ｜ 弁護士に依頼したらその後はどうなる？

Q パートナーからの暴力が激しく、仕事もできなくなってしまいました。別れたいし、仕事もなくなったので、生活費も補償してほしいです。だけど、パートナーは納得しません。弁護士に相談したところ、「私が代理人になって解決します」といわれました。弁護士が、「代理人」になるとは、どのような意味なのでしょうか。パートナーから連絡が来ているのですが、自分で話さないといけないのですか。

A 弁護士はあなたに代わってパートナーと話しあいます。裁判所などの公的機関の手続で解決をすることもあります。

弁護士の役割

　弁護士というと、裁判所であなたに代わって、裁判をしているイメージがあるかもしれません。しかし、弁護士の仕事はそれだけではありません。あなたが誰かとの争いに巻き込まれたとき、あなたの依頼を受けてあなたの代わりに相手方と話しあうことも仕事です。あなたのパートナーは暴力が激しくて、きっとこわいですよね。弁護士が代理人になれば、あなたに代わって弁護士がパートナーと話をしてくれます。そして、パートナーと別れるお手伝いをし、治療費や生活費などをパートナーに請求してくれます。弁護士は、あなたの権利や正当な利益を実現するために働きます。

弁護士への依頼の流れ

　弁護士に依頼をすると、委任契約書という契約書を作ります。そこで、弁護士に払う費用を決めます。総額がどれ位になるのかを、しっかり確認をして、費用に納得がいったら正式に依頼をしましょう。費用が用意できないときは、法テラスという公的な機関が費用を立て替えてくれることがあります。それも弁護士に聞いてみましょう。

　その後、受任通知という書類をパートナーに送るなどして、あなたの代理人となったことを連絡します。そして、弁護士がパートナーと話しあうことになります。弁護士とパートナーとの話しあいがうまく行かないときは、弁護士はあなたの了解をえた上で、争いを解決するために、裁判所で専門家に入ってもらって話しあう調停を申し立てたり、裁判官にその紛争を解決してもらうために訴訟をしたりします。場合によっては、弁護士があなたを代理して、警察に刑事告訴をすることもあります。

　弁護士は、法律の専門家ですが、この争いはあなたの争いです。ですから、あなたがどのような解決を望むのかをしっかりと弁護士に伝えてください。弁護士は、あなたの思いを叶えるために、いろいろな方法を考えてくれるはずです。弁護士とあなたは、問題の解決に向けて一緒にがんばる関係です。

　もしかすると弁護士は、あなたの叶えたいことが法律では叶えられないと考えるときには、「それはできません」というかもしれません。そのようなときは、医師のセカンドオピニオンのように、他の弁護士に相談し、できるといってくれる弁護士に再び依頼することもできます。

　弁護士とのやり取りは大きな負担にはなりますが、問題を早く解決するためにも上手に活用していきましょう。

appendix 1

相談機関一覧

　最初に、セクシュアル・マイノリティ専門、または、セクシュアル・マイノリティに対応していると、明らかにしている機関を紹介します。

　「セクシュアル・マイノリティ専門」といっているところでなくても、もちろん相談をして大丈夫です。けれど、「専門」とか「対応しています」とかはっきりいってくれているところには、遠慮せず話しやすいし、もともと、セクシュアル・マイノリティが直面する問題にどう対応すればよいかを考えているところなので、安心して相談できるかと思います。

　薬物、HIV、性暴力、DVなどに関することについて相談できるところもあります。もちろん、セクシュアル・マイノリティであることを隠さずに話して大丈夫です。

　どこも電話での相談は無料です。ただ、フリーダイヤル以外のところは、通話料がかかります。

　もし、1つのところに話して、うまく相談できなかったり、十分に情報がもらえなかったりしたら、遠慮せず、あきらめず、同じところにもう1回相談するか、他の相談機関に連絡してみましょう。大変だと思いますが、あなたが抱えている問題を解決してくれるところは、必ずあるはずです。

【弁護士】

弁護士に無料で相談できます。

　セクシュアル・マイノリティに関するあらゆる法律問題について、電話で直接、弁護士と話をして相談することができます。

● 「東京弁護士会　セクシュアル・マイノリティ電話法律相談」

　電話番号：03 - 3581 - 5515

　対応日時：第2・第4木曜日の午後5時～午後7時

　　祝祭日の場合、翌金曜日に行います。詳細は、東京弁護士会のホームページ（http://www.toben.or.jp/know/iinkai/ryousei/news/post_26.html）で確認できます。

● 「大阪弁護士会　弁護士によるLGBTsのための電話相談」

　電話番号：06 - 6364 - 6251

　対応日時：毎月第4月曜日の午後4時～午後6時

　　祝祭日や年末年始は日にちが変更されることがあります。詳細は、大阪弁護士会のホームページ（http://soudan.osakaben.or.jp/freetel/#lgbt）で確認できます。

appendix 1 ● 相談機関一覧　　267

【何でも】
24時間365日対応しています。

●「社会的包摂サポートセンター　よりそいホットライン」
電話番号：0120 - 279 - 338（岩手県、宮城県、福島県からは、0120 - 279 - 226）
URL：http://279338.jp/yorisoi
　0120 - 279 - 338にかけた後、「4」を押してください。セクシュアル・マイノリティに関するあらゆる相談を受けつけています。性暴力、DVのことなど、何でも相談できます。
　ここでは、日本各地の情報がえられます。通話料も無料です。
　なお、性暴力やDVなどについての女性の相談は、0120 - 279 - 338にかけた後、「3」を押すと相談できます。
　また、外国語による相談や、外国人のための相談は、0120 - 279 - 338にかけた後、「2」を押してください（日本語のほか、英語、中国語、韓国・朝鮮語、タイ語、タガログ語、スペイン語、ポルトガル語、ベトナム語、ネパール語で相談ができます。対応できる言語は、時間によって変わります）。

【何でも】
北東北で行われている電話相談です。

- 「北東北性教育研修セミナー実行委員会　性と人権相談」
  電話番号：017 - 722 - 3635
  対応日時：毎週木曜日の午後4時〜午後10時
  URL：https://www.facebook.com/seducation.north/?fref=ts
  　　　http://blog.goo.ne.jp/crisis-call
  　性別や性的指向について、恋愛について、性暴力やDVなどの暴力被害について、身体的な問題について、"性"にかかわるさまざまなことを誰でも相談できます。電話で話ができない状況の場合は、メール（crisis-call@goo.jp）でも対応をしています。メールの対応も、毎週木曜日の午後4時〜午後10時の間になります。

【何でも】
予約制ですが、法律相談ダイヤルもあります。

- 「アカー　GB-SOS法律相談」
  電話番号：03 - 3383 - 5556（予約用電話）
  対応日時：平日午後0時〜午後8時（祝日は除く）
  URL：http://www.occur.or.jp/
  　暴力や脅迫、恐喝、詐欺、嫌がらせ、また、同性間パートナーシップのことなど、セクシュアル・マイノリティに関する法律問題について、予約の上、電話で相談することができます。必要に応じて弁護士の紹介も行います。

● 「アカー　ヘルプ・ライン・サービス」

電話番号：03 - 3380 - 2269

対応日時：毎週火曜日・水曜日・木曜日の午後８時～午後10時（祝日は
　　　　　除く）

URL：http://www.occur.or.jp/

　「同性に惹かれるが自分が何者かわからない」、「周りに仲間がいない」、また、HIVなどの性感染症のことなど、セクシュアル・マイノリティに関するさまざまな相談ができる電話です。

【何でも】
横浜市神奈川区にあるセンターを訪問することもできます。
対面カウンセリングもあります。

● 「SHIP　ほっとライン」

電話番号：045 - 548 - 3980

対応日時：毎週木曜日の午後７時～午後９時

URL：http://www2.ship-web.com/

　恋の悩み、性の違和感、学校でのこと、家族との関係、HIVなどの性感染症のこと、DV、性暴力のことなどさまざまなことを相談できます。

　また、横浜市神奈川区にあるセンター「SHIPにじいろキャビン」を訪ねることもできますし、事前に予約をすると対面での心理カウンセリングも受けられます。

【何でも】
電話相談ができない場合、チャットなどでも相談ができます。

● 「QWRC（くぉーく）　電話相談」

電話番号：06 - 6585 - 0751

対応日時：第 1 月曜日の午後 7 時30分〜午後10時30分

URL：http://qwrc.org

　恋愛、セックス、性感染症、性暴力、DV、パートナーとの関係、家族との関係、友人との関係、学校や会社での関係など、さまざまなことを相談できます。解雇やパワハラ・セクハラなどの労働問題に関することも受けつけています。

　聴覚障害のある人は、面談（手話通訳はご自身で手配をお願いします）またはパソコンを使ったチャット形式での相談ができます。詳細は、メール（info@qwrc.org）にお問いあわせください。

【24歳以下・何でも】
24歳以下の子どもや若者、周りの大人のための電話です。

● 「FRENS （フレンズ）　フレンズライン」

電話番号：080 - 9062 - 2416

対応日時：毎週日曜日の午後 5 時から午後 9 時

URL：http://blog.canpan.info/frens/

　福岡で多様な性の子ども若者サポートの活動をしている Fukuoka Rainbow Educational NetworkS（FRENS）による電話相談です。性別のこと、好きな人のこと、友達、家族、制服のこと、いじめ、DV、性暴力のことなど、さまざまなことを相談できます。

【何でも】
渋谷男女平等・ダイバーシティセンター〈アイリス〉の
電話相談です。

●「渋谷区　アイリスにじいろ電話相談」
電話番号：03 - 3464 - 3401
対応日時：第2・第4土曜日の午後1時～午後4時
URL：http://www.city.shibuya.tokyo.jp/est/oowada/iris.html
　パートナーとの関係、家族や友人との関係、職場や学校のこと、性暴力、DVのことなどセクシュアル・マイノリティに関する問題全般について、誰でも相談できます。
　電話だけでなく、必要があれば面談での相談もできます。

【何でも】
大阪市淀川区による電話相談です。

●「淀川区　LGBT電話相談」
URL：http://niji-yodogawa.jimdo.com/
　友人との関係、学校のこと、職場のこと、恋愛、パートナーとの関係、家族との関係、性暴力、DV、セックス、性感染症などのさまざまなことを、誰でも相談できます。
　電話番号や対応日時などの詳細については、ホームページをご確認ください。

【HIV】
HIV陽性者とそのパートナー、家族、
確認検査待ちの人のための電話相談です。

● 「ぷれいす東京　ポジティブライン」
　電話番号：0120 - 02 - 8341
　対応日時：月曜日から土曜日の午後1時～午後7時（祝日、年末年始は
　　　　　　除く）
　URL：http://www.ptokyo.org/
　　東京都で活動している団体ですが、全国的に行われている取り組みや
　他の地方の相談先を教えてくれるので、東京都以外の人にも役立つ情報
　がえられます。通話料も無料です。木曜日の午後3時～午後6時は、
　HIV陽性者の相談員が対応しています。
　　また、ゲイの相談員に相談したいゲイ・バイセクシュアルの男性には、
　次の電話相談もあります。

● 「ぷれいす東京　ゲイによるゲイのためのHIV／エイズ電話相談」
　電話番号：03 - 5386 - 1575
　対応日時：毎週土曜日の午後7時～午後9時（冬期休業期間は除く）
　URL：http://www.ptokyo.org/

appendix 1 ● 相談機関一覧　　273

【DV】
DV・暴力などで困っているすべての人のための電話相談です。

● 「いくの学園　ホットライン（相談電話）」
　電話番号：090 - 9629 - 4847
　対応日時：毎週水曜日の午後０時〜午後５時（祝日は除く）
　URL：http://www.ikunogakuen.org/
　　大阪府にありますが、DV、ストーカー、虐待、性暴力、親密な関係
　で起きている暴力から逃れたい、逃れた後の生活などについてなど、誰
　でも相談できます。

【DV】
東京都世田谷区の電話相談です。

● 「世田谷区　DV被害者のための電話相談」
　電話番号：03 - 5478 - 9201
　対応日時：毎週月曜日の午前10時〜午後９時（年末年始は除く）
　URL：http://www.city.setagaya.lg.jp/kurashi/101/167/323/d00005030.
　　　　html
　　配偶者、恋人などの暴力から逃れた人（サバイバー）から、実体験に
　基づいたアドバイスや情報提供が受けられます。

● 「世田谷区　DV全般に関する電話相談」
　電話番号：03 - 5478 - 9201
　対応日時：毎週金曜日の午前10時〜午後９時（年末年始は除く）
　URL：http://www.city.setagaya.lg.jp/kurashi/101/167/323/d00005030.
　　　　html
　　DV被害当事者だけではなく、家族や知りあいなど、周囲の人たちか
　らの相談も受けつけています。

【薬物】

ドラッグの話、何でも OK です。

● 「アパリ　ドラッグ OK トーク」

電話番号：090 - 4599 - 6444

対応日時：毎週水曜日・金曜日の午後 0 時〜午後 6 時（祝日は除く）

URL：http://www.ok-talk.com/（ドラッグ OK トーク）

　　　　http://www.apari.jp/npo/（アパリ）

　NPO 法人アパリ（アジア太平洋地域アディクション研究所。医療法人アパリとは別の法人です）のプロジェクト「ヘルス＆ハームリダクション東京」による相談電話です。「警察に通報しない」、「やめろといわない」、「お説教しない」がモットーです。LINE での無料通話もできます（ID「ok-talk」）。詳しくは、ホームページ（http://www.ok-talk.com/about.html）をご確認ください。

【薬物】

主に普段は福祉や医療・更生保護などに携わっている
専門職が対応します。

● 「Freedom　薬物依存症に苦しむ人とその周りの人のための電話相談」

電話番号：06 - 6320 - 1196

対応日時：毎週土曜日の午後 3 時〜午後 7 時（年末年始は除く）

URL：http://www.freedom-osaka.jp/

　それぞれの人にあった適切なプログラムやサービスを紹介してくれます。

【薬物】
セクシュアル・マイノリティの対応もしている、
東京都新宿区にあるクリニックです。

- ●「アパリクリニック」
  電話番号：03 - 5369 - 2591
  （予約用の電話です。相談用の電話ではありません。実際にアパ
  リクリニックに行くと、相談を随時することができます。）
  対応日時：月曜日から土曜日の午前10時〜午後5時
  URL：http://www.apariclinic.com/
  完全予約制です。診察・家族相談を希望する際は、電話で予約をして
  ください。

【家族や友人】
LGBTの家族や友人などによる会です。

- ●「LGBTの家族と友人をつなぐ会」
  URL：http://lgbt-family.or.jp/
  神戸、東京、福岡、名古屋でミーティングを開いて活動しています。
  連絡先やミーティングの日程などは、ホームページで確認してください。

次に紹介する相談機関は、特にセクシュアル・マイノリティの相談を専門的に受けつけている訳ではないですが、子どもや薬物について、専門的な相談を行っているところです。

【子どものための電話相談】

●「チャイルドライン」
　電話番号：0120 - 99 - 7777
　対応日時：毎週月曜日から土曜日の午後4時〜午後9時（年末年始は除く。
　　　　　　　地域によっては、日曜日でもつながるところもあります）
　URL：http://www.childline.or.jp/supporter/aki/freedial.html
　　18歳までの子どもの相談を受けつけている、子ども専用の電話相談です。

●「24時間こどもSOSダイヤル」
　電話番号：0570 - 0 - 78310
　対応日時：24時間
　URL：http://www.mext.go.jp/ijime/detail/dial.htm
　　基本的に、電話をかけた場所にある教育委員会の相談機関につながります。

【弁護士会の子どもの人権相談窓口】
弁護士に相談ができる、子どものための電話です。

●「東京弁護士会　子どもの人権110番」
　　電話番号：03 - 3503 - 0110
　　対応日時：毎週月曜日から金曜日の
　　　　　　　午後１時30分〜午後４時30分、午後５時〜午後８時
　　　　　　　毎週土曜日の午後１時〜午後４時
　　URL：http://www.toben.or.jp/know/iinkai/children/jinkenkyusai/
　　　　　post_1.html

●「大阪弁護士会　子どもの人権110番」
　　電話番号：06 - 6364 - 6251
　　対応日時：毎週水曜日の午後３時〜午後５時
　　　　　　　毎月第２木曜日の午後６時〜午後８時
　　URL：http://www.osakaben.or.jp/01-aboutus/commitee/room/kodomo
　　　　　110/index.php

●「福岡県弁護士会　子どもの人権110番」
　　電話番号：092 - 752 - 1331
　　対応日時：毎週土曜日の午後０時30分〜午後３時30分
　　URL：http://www.fben.jp/whats/kodomo110.htm

　日本各地の他の弁護士会にも、子どものための相談電話があります。詳細は、日本弁護士連合会のホームページ（http://www.nichibenren.or.jp/library/ja/legal_aid/consultation/data/201406_kodomo_madoguchi.pdf）で調べることができます。

【ドラッグのこと】

- ●「全国のダルク」（全国薬物依存症者家族会連合会のホームページ内）
  URL：http://www.yakkaren.com/zenkoku.html

- ● NA（ナルコティクス・アノニマス）日本
  URL：http://najapan.org/top.html

- ● ナラノンファミリーグループジャパン
  URL：http://nar-anon.jp/

- ● 全国の精神保健福祉センター一覧
  URL：http://www.mhlw.go.jp/kokoro/support/mhcenter.html

appendix 2

おすすめの本・ホームページ

0 | 全体にかかわる情報サイト

「All About　セクシュアルマイノリティ・同性愛」
http://allabout.co.jp/gm/gt/1776/

　レズビアン、ゲイなどをはじめとしたLGBT、セクシュアル・マイノリティに向けて情報発信をするサイト。モテる技から、コミュニティ案内まで幅広く紹介しています。

「2CHOPO　LGBTのためのコミュニティサイト」
http://www.2chopo.com/

　「読み物」、「イベント」、「店舗」、「グラビア」などのページから構成され、LGBTシーンの最新情報を紹介。「読み物」では、多彩な執筆陣による連載コラムが読めます。

1 | セクシュアル・マイノリティって何？

薬師実芳、古堂達也、小川奈津己、笹原千奈未著
『LGBTってなんだろう？──からだの性・こころの性・好きになる性』（合同出版・2014年）

　大学生を中心にしたNPO法人「ReBit」のメンバーによるLGBTの基本解説書。特に、LGBTの子どもたちが、学校生活や友達との関係でどんな問題に直面しているのか、学生の体験に基づいて語られています。

日高庸晴監著、星野慎二ほか著
『LGBTQを知っていますか？――「みんなと違う」は「ヘン」じゃない』
（少年写真新聞社・2015年）

　セクシュアル・マイノリティの思春期について、専門家の解説や当事者のインタビューを交えて解説。養護教諭向けの章もあり、学校現場として望まれる対応とともに、授業例なども紹介しています。

野宮亜紀、針間克己、大島俊之、原科孝雄、虎井まさ衛、内島豊著
『性同一性障害って何？――一人一人の性のありようを大切にするために〔増補改訂版〕』（緑風出版・2011年）

　2003年の性同一性障害者特例法の成立にかかわった当事者、研究者、医師らによる共著。性同一性障害とは何か、具体的な性別の変更などについての基礎知識を網羅しています。

井田真木子著
『もう１つの青春――同性愛者たち』（文藝春秋・1997年）

　府中青年の家事件の裁判を闘った若者たちの様子を描いた作品。1990年代、それぞれがゲイを自覚し、葛藤の中で、集まり、現在よりもはるかに困難な状況の中、時代を切り開いた軌跡が描かれています。

2 ｜ セクシュアル・マイノリティの暮らし

尾辻かな子著
『カミングアウト――自分らしさを見つける旅』（講談社・2005年）

　大阪府議会議員時代にレズビアンをカミングアウトした著者の自伝。その後著者は、日本初のカミングアウトをしたセクシュアル・マイノリティの国会議員となります。レズビアンという自分を受け入れることをはじめ、「自分らしさとは？」を問い直す１冊。

📖 伏見憲明著
『プライベート・ゲイ・ライフ——ポスト恋愛論』（学陽書房・1998年）

　1990年代の「ゲイ・ブーム」の中で生まれた古典的著作。私的エッセイが多く読みやすいですが、同時に、ライフヒストリーにとどまらないセクシュアリティ論の分析は、現在読んでも色あせない1冊です。

📖 ここから探検隊著
『思春期サバイバル——10代の時って考えることが多くなる気がするわけ』（はるか書房・2013年）

　体の成長への戸惑い、友人たちとの葛藤、大人たちへの憤り——。悩み多き多感な思春期を「サバイバル」するための10代に向けた1冊。同性愛や性別違和といったセクシュアリティの揺らぎや悩みにも触れています。

📖 セクシュアルマイノリティ教職員ネットワーク編、ロニーアレキサンダー、池田久美子、岡部芳広、木村一紀、黒岩龍太郎、高取昌二、土肥いつき、宮崎留美子著
『セクシュアル・マイノリティ——同性愛、性同一性障害、インターセックスの当事者が語る人間の多様な性』（明石書店・2012年）

　タイトル通り、セクシュアル・マイノリティの当事者でもある学校教員たちがまとめたセクシュアル・マイノリティ教育のためのテキスト。性教育のみならず人権問題としての教育のあり方を探る1冊。

📖 針間克己、平田俊明著
『セクシュアル・マイノリティへの心理的支援—— 同性愛、性同一性障害を理解する』（岩崎学術出版社・2014年）

　直接セクシュアル・マイノリティとかかわる精神科医や心理職の専門家による、日本初の書籍。セクシュアル・マイノリティの基礎知識や歴史などの詳しい内容がまとめられていますが、心理職自身への教育や研修の必要性も提唱しています。

ベアリーヌ・ド・ピンク、長谷川博史著
『熊夫人の告白』（ポット出版・2005年）

　ゲイ雑誌編集者として活躍し、また「日本HIV陽性者ネットワーク・ジャンププラス」の代表も務めた著者が、ゲイとしての愛や欲望、HIV感染を知ったときの思いなどを、私小説の形を取りながら語った珠玉の1冊。

東小雪著
『なかったことにしたくない――実の父から性虐待を受けた私の告白』（講談社・2014年）

　実父からの性的虐待という深い闇に向きあう著者。「性暴力を受けた人も受けない人も、異性愛者も同性愛者も、ありのままの自分を肯定していきていけるように」――。増原裕子氏とのレズビアンカップルとして活躍する原点が語られています。

歌川たいじ著
『ツレちゃんに逢いたい』（自費出版・2010年）
http://jirilove.juno.bindsite.jp/

　職場での過重労働からうつ病になってしまったゲイのパートナーを支える著者の実話をマンガ化。ユーモアあふれるタッチの中に、希死念慮が強いといわれるセクシュアル・マイノリティのメンタルヘルスの実情と心の復活を描いています。

柳沢正和、村木真紀、後藤純一著
『職場のLGBT読本――「ありのままの自分」で働ける環境を目指して』（実務教育出版・2014年）

　金融機関の社員や経営コンサルタントらによるLGBTと働くことに関するハンドブック。「LGBTもともに気持ちよく働ける職場環境」を作るために、啓蒙的かつ具体的なアドバイスを紹介しています。

上川あや著
『変えてゆく勇気──「性同一性障害」の私から』（岩波書店・2007年）

　性同一性障害を明らかにして、東京都の世田谷区議会議員に当選して4期目の著者。「声をあげないといないことにされてしまう」社会で、自身の就労時の困難も踏まえ、セクシュアル・マイノリティだけでなく、さまざまな小さな声に耳を傾ける姿勢が心を打ちます。

ジャスティン・リチャードソン、ピーター・パーネル文、ヘンリー・コール絵、尾辻かな子、前田和男訳
『タンタンタンゴはパパふたり』（ポット出版・2008年）

　ロイとシロの雄ペンギンは、お互い仲よしのカップル。他のペンギンカップルが育てられなかった卵が2匹にしっかりと温められ、タンゴが生まれた──。雄ペンギンカップルによる子育てをやわらかなタッチで描く絵本。

永易至文著
『同性パートナー生活読本──同居・税金・保険から介護・死別・相続まで』（緑風出版・2009年）

　同性パートナーが直面する問題と対応策について、戸籍や住民票、社会保険や税金、住宅の賃借や購入、住宅ローン、看護や手術、介護、死別と相続といった、人生のステージごとに詳しく実践的に解説した1冊。

赤杉康伸、土屋ゆき、筒井真樹子編
『同性パートナー──同性婚・DP法を知るために』（社会批評社・2004年）

　ドメスティック・パートナー（DP）法や同性婚について、国際的な流れも踏まえて解説しています。実生活についての話題を入れたインタビューなども掲載。

南和行著
『同性婚──私たち弁護士夫夫です』(祥伝社・2015年)

ゲイカップル２人で法律事務所を開いている弁護士による自伝と、同性愛者からの法律相談がわかりやすく紹介されています。「同性婚と憲法24条」の章では、日本で同性婚を認めるための議論や家族のあり方について論じています。

中村キヨ（中村珍）著
『お母さん２人いてもいいかな！？──レズビアンのママ生活』(KKベストセラーズ・2015年)

「恋に落ちた相手はレズビアンのシングルマザーだった！」というマンガ家の著者が、子持ちの彼女と出会い、家族になっていくまでを描いたコミックス。父親がいないことを気にする長男、ママ友へのカミングアウトの難しさなどがリアルに表現されています。

永易至文著
『にじ色ライフプランニング入門──ゲイのFPが語る＜暮らし・お金・老後＞』(太郎次郎社エディタス・2012年)

『同性パートナー生活読本』の著者が、さらに、年老いた際の介護、同性愛者として迎える老後、終末期に必要になる書面づくりの方法など、老後や終活に向けたライフプランを解説した１冊。

3 ｜ セクシュアル・マイノリティの法律相談

法律相談センター「相談の流れ」
http://www.horitsu-sodan.jp/about/nagare.html

東京の３つの弁護士会（東京弁護士会・第一東京弁護士会・第二東京弁護士会）が運営する法律相談センターが、法律相談の流れ（相談の予約、資料の準備、当日の受付、弁護士への委任）をわかりやすく説明しています。

あとがき

　ここ数年、日本では、差別・偏見を受けながら暮らしていたセクシュアル・マイノリティ当事者が、カミングアウトし、家族・学校・職場などの社会の中で、自分らしく生きる人が増えました。年を重ねるにつれ、財産や健康のことで法的な問題や不安に直面することも増えています。パートナーと継続的な関係を築く人も増え、出産・子育てによって次の世代にかかわる人も増えました。マスコミで真摯に取りあげられる機会が増え、当事者が書いた書籍も多く世に出るようになりました。

　しかし、セクシュアル・マイノリティが出会うかもしれない、あらゆる法律トラブル全般について、当事者向けに書かれた本は、まだありませんでした。

　この本は、セクシュアル・マイノリティとは何かという基本的なことを押さえた上で、トランスジェンダー／性同一性障害、ゲイ・レズビアン・バイセクシュアルの当事者が、社会の中でありのままの自分として幸せに暮らせるにはどうすればよいか、トラブルが起きたときにどうすればよいか、パートナーとの生活・離別・病気・死亡などの場面で法的にどのようなことが問題となるかなどを、わかりやすくまとめました。そして、法律家を活用する方法も取りあげました。中には、「これは法律家が答えるべき質問だろうか」という、生き方や暮らし方についてのQ&Aもありますが、法律そのものでは解決がつかない問題であっても、さまざまな相談者・依頼者の人生にかかわるという私たち法律家の視点で、メッセージを記しました。

　66個のQ&Aをご覧になっておわかりいただけるように、セクシュアル・マイノリティが抱える問題は、本当にさまざまです。「性」自体が多様ですし、それ以上にこのようにQ&Aが多様な背景として大事なのは、「性は、体やベッドの上の話だけではない、生活・人生そのものだ」と

いうことです。生活・人生のあらゆる場面にかかわる法律という枠組みから、この本では生活・人生全体を見ることができるようになっています。

　この本は、LGBT支援法律家ネットワークの有志が出版プロジェクトチームを組んで執筆しました。このLGBT支援法律家ネットワークは、セクシュアル・マイノリティの問題に取り組む弁護士・行政書士・司法書士・税理士・社会保険労務士などの法律家のネットワークで、2007年に立ちあがりました。私が弁護士になった2003年、セクシュアル・マイノリティの問題に取り組む法律家は、きわめて限られていました。ただでさえ多くの皆さんにとって、弁護士などの法律家の敷居は、高いといわれます。ましてや、セクシュアル・マイノリティのケースに、偏見を持たず、正確な理解のもと、当事者の苦しさや悩みに一緒に寄り添える法律家がどこにいるのか──。それを当事者や支援者が探すのには、とても大きな困難が伴います。そのような「法的アクセス障害」を、将来的に解消していきたいという思いで、このネットワークはゆるやかにメーリングリストでつながりを広げてきました。メンバーは、セクシュアル・マイノリティ当事者もいれば、非当事者もいます。有志で個別の事件の弁護団を組んだり、イベントを開催したりするなどしていき、今では北海道から熊本県まで、100人以上のメンバーがいます。

　そのように法律家の取り組みが進んでいく中で、この本の企画が立ちあがりました。出版プロジェクトのメンバーで書き進める中で、各自の知識や経験を持ち寄り、議論を重ねていくことができたのは、私たち自身にとっても有意義なことでした。そして、この本が、ネットワーク立ちあげのときのまさに願いである、当事者の「法的アクセス障害」の解消の一助となれば、何よりもうれしく思います。

　執筆をはじめた2015年は、東京都渋谷区や東京都世田谷区での同性パ

ートナーシップ証明が大きな話題となり、アメリカでは全米で同性婚を認める連邦最高裁判所の判断が出されました。7月にはLGBT支援法律家ネットワークの有志で、全国455人の当事者が同性婚を求める日本弁護士連合会への人権救済申立を行い、社会的にも大きく取りあげられました。国内外での大きな動きが続き、この本の構成やQ&Aを変えていかなければならなかったことは、大変な作業でもあり、かつ、うれしい状況でもありました。

　しかし、社会が変わりはじめたといっても、法律の観点からは、まだまだ当事者の困難を解消するにはほど遠い現状があります。2003年に性同一性障害者特例法が成立し、自分らしく生きられるようになった当事者が増えた一方で、この法律自体にまだ多くの課題が残されており、自分らしく生きることが難しい人がたくさんいます。同性愛や両性愛については、地方自治体の条例レベルでは定めがあっても、法律のレベルではまだ存在していないのと同じ状況であり、さまざまな法的な不利益が現実に存在しています。

　この本は、限界のある現在の仕組みの中で、どのような解決策を目指すことができるかを、わかりやすく具体的に示し、孤独な中で不安を抱える当事者に寄り添うことを心がけました。そしてまた同時に、法や制度を今後よりよいものに変えていくためのきっかけを生み出したいという強い気持ちもありました。

　何よりもこの本を通して読者の皆さんに伝えたいことは、どんな人も1人ひとりが尊重されること、きちんと居場所があって、1人ではないと実感できること、そして自分の人生を自分で選び、安心した毎日と幸せな人生を送ること、それが法律が守っている「人権」なのだということです。ようやくこうして法律家が、セクシュアル・マイノリティの問題を重要な人権問題の1つとして取り組みはじめ、皆さんと一緒によりよい社会を作っていきたいと願っていることが伝われば幸いです。この

本が、1人でも多くの、当事者と、当事者とともに生きる社会の皆さんの手にわたることを、強く願っています。

　最後になりましたが、執筆に精力的に取り組んでくださった各執筆者の皆さん、特に、書籍全体の方針や各執筆者との連絡調整を担当してくれた、出版プロジェクトの編集コアメンバーである大畑泰次郎弁護士、加藤慶二弁護士、寺原真希子弁護士、永野靖弁護士、前園進也弁護士、三輪晃義弁護士、森あい弁護士に、感謝申し上げます。

　また、この本の刊行にあたり、ぷれいす東京の生島嗣さん、アパリクリニックの中山雅博さん、SHIPの星野慎二さんからも、アドバイス・ご協力をいただきました。この場を借りて、心からお礼申し上げます。

　読者の皆さんにとって、この本が、人生の苦しみや悩みを和らげるものとなれば、執筆者一同、何よりの喜びです。

　　2016年6月

　　　　　　　　　　　　LGBT支援法律家ネットワークメンバー

　　　　　　　　　　　　　　　弁護士　山下 敏雅

執筆者紹介（執筆順）

大畑 泰次郎（おおはた・たいじろう）　編集コアメンバー
　まえがき、chapter 8 − 5、9 − 3、appendix 2 執筆
（編集コアメンバー紹介参照）

寺原 真希子（てらはら・まきこ）　編集コアメンバー
　chapter 1 − 1、1 − 2、8 −12、chapter 9 コラム執筆
（編集コアメンバー紹介参照）

清水 雄大（しみず・ゆうだい）
　chapter 1 − 3 執筆
　行政書士（東京都行政書士会）、アンパサンド法務行政書士事務所
　● 主な取り扱い業務
　　同性カップルのパートナーシップ契約書の作成をはじめとする、セクシュアル・マイノ
　　リティ関連の法務サービス。
　● 事務所連絡先
　　電話番号：03 - 6268 - 9517
　　住 所：〒102 - 0093　東京都千代田区平河町2 - 16 - 9 平河町KD ビル 8 階

加藤 慶二（かとう・けいじ）　編集コアメンバー
　chapter 2 − 1、2 − 3、6 − 1 執筆
（編集コアメンバー紹介参照）

上杉 崇子（うえすぎ・たかこ）
　chapter 2 − 2、8 −10執筆
　弁護士（東京弁護士会）、TOKYO 大樹法律事務所
　● 主な取り扱い業務
　　LGBT 支援（遺言、同性パートナーシップ契約など）、家庭や交際関係に関する問題（離婚、
　　相続、ストーカー、DV など）、労働事件。
　● 事務所連絡先
　　電話番号：03 - 3354 - 9661
　　住 所：〒160 - 0022　東京都新宿区新宿1 - 26 - 1 長田屋ビル 5 階

池田 清美（いけだ・きよみ）
　chapter 2 − 4、chapter 5 コラム執筆
　元弁護士

金子 祐子（かねこ・ゆうこ）
　chapter 3 − 1 執筆

弁護士（神奈川県弁護士会）、横浜よつば法律税務事務所
- **主な取り扱い業務**
  一般民事、家事事件、少年事件・児童虐待など子どもにかかわる事件。
- **事務所連絡先**
  電話番号：045‐548‐6248
  住　所：〒221‐0052　横浜市神奈川区栄町8‐1 ヨコハマポートサイドビル3階

田中 利英（たなか・としひで）
chapter 3‐2執筆
行政書士（東京都行政書士会）、田中行政書士事務所
- **主な取り扱い業務**
  許認可手続、遺言書作成などの民事法務のほか、LGBTを対象とした民事法務全般および人生相談。
- **事務所連絡先**
  電話番号：03‐6380‐5062
  住　所：〒160‐0022　東京都新宿区新宿6‐7‐17 フォンテ新宿103号室

山下 敏雅（やました・としまさ）　編集コアメンバー
chapter 3‐3、5‐2、6‐3、あとがき執筆
（編集コアメンバー紹介参照）

城本 亜弥（じょうもと・あや）
chapter 3‐4執筆
行政書士（熊本県行政書士会）、行政書士法人WITHNESS
- **主な取り扱い業務**
  建設業許可申請、経営事項審査申請、特殊車両通行許可申請など各種許認可申請、その他遺言書作成サポートなど。
- **事務所連絡先**
  電話番号：096‐283‐6000
  住　所：〒862‐0972　熊本市中央区新大江1‐7‐45 桜ビル新大江2階

上汐 ジョンコ（うえしお・じょんこ）
chapter 3 コラム執筆

松浦 智昌（まつうら・ともあつ）
chapter 4‐1執筆
行政書士（東京都行政書士会）、行政書士松浦総合法務オフィス
- **主な取り扱い業務**
  夫婦・家庭問題の支援（法務相談・カウンセリングなど）、任意後見契約などの公正証書作成支援、各種契約書作成。

● 事務所連絡先
電話番号：03 - 6806 - 1920
住 所：〒120 - 0034　東京都足立区千住3 - 61

齋藤 信子（さいとう・のぶこ）
chapter 4 - 2 執筆
弁護士（神奈川県弁護士会）、小山法律事務所
● 主な取り扱い業務
パートナー間での相続、パートナーシップ契約・公正証書、財産管理、死後委任、離婚、
交通事故、債務整理、不動産問題。
● 電話番号：044 - 244 - 3981
住 所：〒210 - 0002　川崎市川崎区榎町1 - 8 ニッコービル 3 階

岡村 晴美（おかむら・はるみ）
chapter 4 - 3 執筆
弁護士（愛知県弁護士会）、名古屋南部法律事務所
● 主な取り扱い業務
離婚、DV・ストーカー、子どもの権利、労働事件（セクシュアル・ハラスメント、パワー・
ハラスメント、モラル・ハラスメント、マタニティ・ハラスメント）、刑事事件、少年事件。
● 事務所連絡先
電話番号：052 - 682 - 3211
住 所：〒460 - 0024　名古屋市中区正木4 - 8 - 13 金山フクマルビル 3 階

夜風 光（よるかぜ・ひかる）
chapter 4 コラム執筆

岸本 英嗣（きしもと・ひでつぐ）
chapter 5 - 1 執筆
弁護士（東京弁護士会）、弁護士法人東京表参道法律事務所
● 主な取り扱い業務
一般民事、家事、刑事、企業法務のほか、アトピー性皮膚炎患者（特に非ステロイド治療）
支援。
● 事務所連絡先
電話番号：03 - 6433 - 5202
住 所：〒150 - 0001　東京都渋谷区神宮前5 - 51 - 6 テラアシオス青山 5 階

森 あい（もり・あい）　編集コアメンバー
chapter 5 - 1、6 - 9、6 - 10、appendix 1 執筆
（編集コアメンバー紹介参照）

知花 勇貴（ちばな・ゆうき）

chapter 5 - 3 執筆

弁護士（大阪弁護士会）、なんもり法律事務所

● 主な取り扱い業務

個人破産、消費者事件、家事事件、その他一般民事、LGBT ／セクシュアル・マイノリティ支援など。

● 事務所連絡先

電話番号：06 - 6882 - 2501

住　所：〒530 - 0041　大阪市北区天神橋2 - 5 - 28 千代田第二ビル2 階

堀江 哲史（ほりえ・さとし）

chapter 5 - 4 執筆

弁護士（愛知県弁護士会）、名古屋第一法律事務所

● 主な取り扱い業務

一般民事、家事、刑事事件のほか、セクシュアル・マイノリティ当事者の支援、DV 問題、飲食業その他の中小企業支援。

● 事務所連絡先

電話番号：052 - 211 - 2236

住　所：〒460 - 0002　名古屋市中区丸の内2 - 18 - 22 三博ビル5 階

前園 進也（まえぞの・しんや）　編集コアメンバー

chapter 5 - 5、6 - 2、8 - 4、10 - 6 執筆

（編集コアメンバー紹介参照）

平本 紋子（ひらもと・あやこ）

chapter 5 - 6 執筆

弁護士（東京弁護士会）、お茶の水共同法律事務所

● 主な取り扱い業務

一般民事、家事（離婚、相続など）、過労死・過労自殺事件（労災申請、損害賠償など）、労働、刑事事件。

● 事務所連絡先

電話番号：03 - 3294 - 0841

住　所：〒101 - 0062　東京都千代田区神田駿河台2 - 8 瀬川ビル4 階

室谷 光一郎（むろたに・こういちろう）

chapter 5 - 7 執筆

弁護士（大阪弁護士会）、室谷総合法律事務所

● 主な取り扱い業務

一般民事、家事事件、企業法務、メディア関係法務、刑事事件のほか、企業・団体内でのLGBT を含むダイバーシティ推進に関する業務支援。

●事務所連絡先

電話番号：06 - 6535 - 7340

住　所：〒550 - 0013　大阪市西区新町1 - 5 - 7 四ツ橋ビルディング602号室

田中 満（たなか・みつる）

chapter 6 - 4 執筆

弁護士（大阪弁護士会）、すまいる法律事務所

●主な取り扱い業務

借金・過払い金、離婚、交通事故、老後の財産管理・遺言など。

●事務所連絡先

電話番号：06 - 6251 - 3016

住　所：〒542 - 0081　大阪市中央区南船場3 - 9 - 10 徳島ビル11階

加藤 丈晴（かとう・たけはる）

chapter 6 - 5、6 - 11執筆

弁護士（札幌弁護士会）、北海道合同法律事務所

●主な取り扱い業務

労働事件（労働者側）、離婚や親子に関する事件、外国人・LGBTなどマイノリティの権利に関する問題、刑事事件。

●事務所連絡先

電話番号：011 - 231 - 1888

住　所：〒060 - 0042　札幌市中央区大通西12丁目 北海道高等学校教職員センター5 階

原島 有史（はらしま・ゆうじ）

chapter 6 - 6 執筆

弁護士（第二東京弁護士会）、早稲田リーガルコモンズ法律事務所

●主な取り扱い業務

遺産分割などの家事事件のほか、過労死・過労自殺を含む労働事件、福祉施設にかかわる法律相談、LGBT支援活動。

●事務所連絡先

電話番号：03 - 6261 - 2880

住　所：〒102 - 0074　東京都千代田区九段南1 - 6 - 17 千代田会館4 階

木村 いずみ（きむら・いずみ）

chapter 6 - 7 執筆

弁護士（第一東京弁護士会）、北新居・青木法律事務所

●主な取り扱い業務

一般民事、家事事件、刑事事件、企業法務、LGBT支援。

●事務所連絡先

電話番号：03 - 3293 - 1085

住　所：〒101 - 0052　東京都千代田区神田小川町2 - 2 UIビル4 階

鈴木 隆文（すずき・たかふみ）

chapter 6 − 8 執筆

弁護士（千葉県弁護士会）・公認会計士・社会福祉士・精神保健福祉士・臨床心理士、アライズ総合法律事務所

● 主な取り扱い業務

家族法、事業再生、事業承継、相続・遺言、国際人権問題など。

● 事務所連絡先

電話番号：047 - 376 - 6556

住 所：〒272 - 0023　千葉県市川市南八幡4 - 5 - 20 - 5A

松岡 佐知子（まつおか・さちこ）

chapter 6 − 12執筆

弁護士（第一東京弁護士会）、早稲田リーガルコモンズ法律事務所

● 主な取り扱い業務

一般民事、家事、企業法務、いじめ予防の支援、女性の社会進出支援など。

● 事務所連絡先

電話番号：03 - 6261 - 2880

住 所：〒102 - 0074　東京都千代田区九段南1 - 6 - 17 千代田会館 4 階

多々良 周作（たたら・しゅうさく）

chapter 6 − 13、9 − 1 執筆

元裁判官

中川 重徳（なかがわ・しげのり）

chapter 6 コラム執筆

弁護士（東京弁護士会）、諏訪の森法律事務所

● 主な取り扱い業務

民事・刑事事件全般、府中青年の家事件、七生養護学校「こころとからだの学習」裁判、ノーモア・ヒバクシャ訴訟。

● 事務所連絡先

電話番号：03 - 5287 - 3750

住 所：〒169 - 0075　東京都新宿区高田馬場1 - 16 - 8 アライヒルズ2A

倉知 孝匡（くらち・たかまさ）

chapter 7 − 1、7 − 2 執筆

弁護士（愛知県弁護士会）、弁護士法人名古屋法律事務所

● 主な取り扱い業務

相続事件、建築関連事件、中小企業の契約・事業展開に関する法的アドバイス、著作権・商標法などの知的財産事件、LGBT に関する法律問題。

● 事務所連絡先

電話番号：052 - 451 - 7746

住 所：〒453‐0014　名古屋市中村区則武1‐10‐6 側島第一ノリタケビル2階

三輪 晃義（みわ・あきよし）　編集コアメンバー
chapter 7 − 3 、8 −11、8 −13執筆
（編集コアメンバー紹介参照）

沢崎 敦一（さわさき・のぶひと）
chapter 7 − 4 執筆
弁護士（第二東京弁護士会）、アンダーソン・毛利・友常法律事務所
● **主な取り扱い業務**
労働法務、労働紛争、企業法務一般、一般民商事紛争、個人情報プライバシー関連。
● **事務所連絡先**
電話番号：03‐6888‐1000
住 所：〒107‐0051　東京都港区元赤坂1‐2‐7 赤坂Kタワー22階

永野 靖（ながの・やすし）　編集コアメンバー
chapter 7 コラム、chapter 8 − 8 、10− 1 執筆
（編集コアメンバー紹介参照）

佐竹 倫子（さたけ・みちこ）
chapter 8 − 1 執筆
行政書士（大阪府行政書士会）、行政書士佐竹事務所
● **主な取り扱い業務**
遺言・相続・遺産分割、権利義務・事実証明。
● **事務所連絡先**
電話番号：06‐6355‐4130
住 所：〒531‐0041　大阪市北区天神橋8‐11‐15‐201

喜田 康之（きだ・やすゆき）
chapter 8 − 2 執筆
弁護士（千葉県弁護士会）、総武法律事務所
● **主な取り扱い業務**
一般民事、家事事件、刑事事件のほか、不当解雇・残業代請求などの労働事件。
● **事務所連絡先**
電話番号：043‐225‐0757
住 所：〒260‐0013　千葉市中央区中央3‐12‐9 中央ビル3階

中尾 雄史（なかお・たけし）
chapter 8 − 3 執筆
弁護士（第二東京弁護士会）、フレッシュフィールズブルックハウスデリンガー法律事務所

● 主な取り扱い業務

日本や海外でのM&A（上場会社を含む）、ジョイントベンチャー、独占禁止法などの企業法務。

● 事務所連絡先

電話番号：03 - 3584 - 8500

住 所：〒107 - 6336　東京都港区赤坂5 - 3 - 1 赤坂Bizタワー36階

野元 惠水（のもと・えみ）

chapter 8 - 3 執筆

特定行政書士（広島県行政書士会）、Holly 行政書士事務所

● 主な取り扱い業務

結婚契約書作成、遺言・相続手続、法人設立・許認可申請手続、外国人帰化・永住・在留資格申請、渉外手続。

● 事務所連絡先

電話番号：090 - 3371 - 8133

住 所：〒732 - 0066　広島市東区牛田本町4 - 6 - 13

脇田 玲子（わきた・れいこ）

chapter 8 - 6 執筆

弁護士（第二東京弁護士会）

沼田 幸雄（ぬまた・ゆきお）

chapter 8 - 7 執筆

弁護士（山口県弁護士会）、新山口法律事務所

● 主な取り扱い業務

一般民事、家事、刑事事件、労働事件。

● 事務所連絡先

電話番号：083 - 976 - 0491

住 所：〒754 - 0014　山口県山口市小郡高砂町8 - 11 秋本ビル203号室

村上 博一（むらかみ・ひろかず）

chapter 8 - 9 執筆

弁護士（大阪弁護士会）、弁護士法人村上・新村法律事務所

● 主な取り扱い業務

企業法務、M&A・事業再生、家族法（親族法・相続法）。

● 事務所連絡先

電話番号：06 - 6316 - 8364

住 所：〒530 - 0047　大阪市北区西天満5 - 16 - 15 エフワンビル 4 階

立石 結夏（たていし・ゆか）

chapter 8 - 11、10 - 3 執筆

弁護士（第一東京弁護士会）、有加法律事務所

● 主な取り扱い業務

家事事件（主に相続・民事信託・成年後見）、一般民事事件（主に不動産トラブル案件）、債務整理（個人再生・破産事件）など。

● 事務所連絡先

住 所：〒107 - 0052　東京都港区赤坂4 - 9 - 6 タク・赤坂ビル4階

渡邊 一恵（わたなべ・かずえ）

chapter 8 - 14執筆

行政書士（東京都行政書士会）、行政書士わたなべパートナーズオフィス

● 主な取り扱い業務

LGBTライフサポート、相続手続・遺言作成、起業支援および会社設立手続、各種許認可申請、契約書作成。

● 事務所連絡先

電話番号：03 - 6903 - 8425

住 所：〒115 - 0045　東京都北区赤羽1 - 19 - 7 葵ビル608号室

角田 由紀子（つのだ・ゆきこ）

chapter 8 コラム執筆

弁護士（第二東京弁護士会）、角田愛次郎法律事務所

● 主な取り扱い業務

ジェンダー関連の事案、セクシュアル・マイノリティ支援、セクシュアル・ハラスメント、DV・性暴力犯罪被害者支援など。

● 事務所連絡先

電話番号：03 - 3983 - 7522

住 所：〒171 - 0033　東京都豊島区高田1 - 36 - 13 - 305

堀井 秀知（ほりい・ひでとも）

chapter 9 - 2 執筆

弁護士（徳島弁護士会）、浅田法律事務所

● 主な取り扱い業務

民事事件（不動産、交通事故、債務整理、破産、契約関係など）、家事事件（離婚、相続、成年後見など）、企業法務（中小企業支援、BCPなど）、刑事事件、少年事件。

● 事務所連絡先

電話番号：088 - 653 - 5676

住 所：〒770 - 0854　徳島県徳島市徳島本町3 - 13 大西ビル3階

鈴木 朋絵（すずき・ともえ）

chapter 9 - 4 執筆

弁護士（山口県弁護士会）、鈴木法律事務所

●主な取り扱い業務

一般民事、離婚事件、成年後見・相続・遺言、過労死・過労自殺などの労災事件、DV・犯罪被害者支援。

●事務所連絡先

電話番号：083‐250‐6200

住 所：〒750‐0008　山口県下関市田中町7‐11 田中町ビル 2 号室

齋藤 律子（さいとう・りつこ）

chapter10‐ 2 執筆

司法書士（東京司法書士会）、司法書士藤原事務所

●主な取り扱い業務

相続、贈与、その他不動産登記全般、商業登記。

●事務所連絡先

電話番号：03‐5269‐9301

住 所：〒160‐0022　東京都新宿区新宿1‐18‐4

中村 貴寿（なかむら・たかとし）

chapter10‐ 2 執筆

司法書士（東京司法書士会）、ロータス司法書士事務所

●主な取り扱い業務

不動産登記、債務整理、成年後見、商業登記、簡易裁判所訴訟代理業務。

●事務所連絡先

電話番号：03‐3354‐8116

住 所：〒160‐0008　東京都新宿区三栄町7‐3 ロイヤル四谷202号室

上村 大輔（かみむら・だいすけ）

chapter10‐ 4 執筆

税理士（東京税理士会）、かみむら会計事務所

●主な取り扱い業務

法人・個人事業者の税務経理、創業支援のほか、個人の相続、贈与、譲渡など資産税に関する税務相談。

●事務所連絡先

電話番号：03‐6222‐8098

住 所：〒170‐0002　東京都豊島区巣鴨1‐11‐2 巣鴨陽光ハイツ414号室

永易 至文（ながやす・しぶん）

chapter10‐ 5 執筆

行政書士（東京都行政書士会）・ファイナンシャルプランナー、東中野さくら行政書士事務所

●主な取り扱い業務

同性パートナーシップの法的書面作成、セクシュアル・マイノリティやHIV陽性者の

ライフプランや老後相談。
● 事務所連絡先
電話番号：03 - 6279 - 3094
住　所：〒164 - 0003　東京都中野区東中野1 - 57 - 2 柴沼ビル41号室

池山 美伸 （いけやま・よしのぶ）
chapter10 - 7 執筆
行政書士（大阪府行政書士会）、池山行政書士事務所
● 主な取り扱い業務
終活関連（介護・成年後見・遺言・相続など）を中心とした民事法務全般。
● 事務所連絡先
電話番号：070 - 6504 - 8615
住　所：〒533 - 0004　大阪市東淀川区小松2 - 5 - 30 - 101

宮田 りりぃ （みやた・りりぃ）
chapter10コラム執筆
バンドHIV、関西エイズ対策協議会、MASH大阪、SWASHのメンバーとして活動しつつ、
大学院でジェンダーの勉強中。

谷田 和樹 （たにだ・かずき）
chapter11 - 1、11 - 2 執筆
弁護士（東京弁護士会）、森法律事務所
● 主な取り扱い業務
家事事件（離婚、相続など）、法人破産、一般民事、刑事事件。
● 事務所連絡先
電話番号：03 - 3553 - 5916
住　所：〒104 - 0033　東京都中央区新川2 - 15 - 3 森第２ビル

金村 修 （かねむら・おさむ）
chapter11 - 3 執筆
弁護士（大阪弁護士会）、大阪パブリック法律事務所
● 主な取り扱い業務
刑事事件、入管事件。
● 事務所連絡先
電話番号：06 - 6131 - 1050
住　所：〒530 - 0047　大阪市北区西天満4 - 6 - 8

編集コアメンバー紹介（執筆順）

大畑 泰次郎（おおはた・たいじろう）

弁護士（大阪弁護士会）、ソルティオ法律事務所

● **主な取り扱い業務**

民事全般、離婚・相続など家事、成年後見や高齢者支援、HIV など医療法（薬害肝炎弁護団、HPV ワクチン研究会所属）。

● **事務所連絡先**

電話番号：06 - 6362 - 7001

住 所：〒530 - 0047　大阪市北区西天満4 - 3 - 25 梅田プラザビル別館 2 階

寺原 真希子（てらはら・まきこ）

弁護士（東京弁護士会）、弁護士法人東京表参道法律事務所

● **主な取り扱い業務**

企業法務、一般民事、女性問題にかかわる事件（夫婦別姓訴訟など）、LGBT の人権にかかわる事件（同性婚人権救済申立など）。

● **事務所連絡先**

電話番号：03 - 6433 - 5202

住 所：〒150 - 0001　東京都渋谷区神宮前5 - 51 - 6 テラアシオス青山 5 階

加藤 慶二（かとう・けいじ）

弁護士（第二東京弁護士会）、日野市民法律事務所

● **主な取り扱い業務**

一般民事、刑事事件、行政事件。特に、詐欺などの消費者被害、自死に関する労災事件・損害賠償請求・生命保険金請求事件、地方自治に関する法律相談、セクシュアル・マイノリティの事件など。

● **事務所連絡先**

電話番号：042 - 587 - 3533

住 所：〒191 - 0011　東京都日野市日野本町3 - 14 - 18 谷井ビル 4 階

山下 敏雅（やました・としまさ）

弁護士（東京弁護士会）、永野・山下法律事務所

● **主な取り扱い業務**

一般民事、刑事事件のほか、過労死・過労自殺などの労災事件、児童虐待などの子どもの事件、HIV 陽性者支援。

● **事務所連絡先**

電話番号：03 - 5919 - 1194

住 所：〒160 - 0008　東京都新宿区三栄町 8 番地 森山ビル東館 3 階

森 あい（もり・あい）

弁護士（熊本県弁護士会）、阿蘇ひまわり基金法律事務所

● **主な取り扱い業務**

債務整理、相続・遺言、親権、離婚などの家事事件、損害賠償請求などの一般民事、DV被害者や性暴力被害者支援。

● **事務所連絡先**

電話番号：0967 - 22 - 5223

住 所：〒869 - 2612　熊本県阿蘇市一の宮町宮地2005番地8　メロディハイツ203号室

前園 進也（まえぞの・しんや）

弁護士（埼玉弁護士会）、アーネスト法律事務所

● **主な取り扱い業務**

家事事件、刑事事件。

● **事務所連絡先**

電話番号：048 - 711 - 7053

住 所：〒336 - 0017　さいたま市南区南浦和3 - 16 - 18 清宮ビル2階

三輪 晃義（みわ・あきよし）

弁護士（大阪弁護士会）、のぞみ共同法律事務所

● **主な取り扱い業務**

解雇・労災・残業代など労働者の事件、離婚・相続など家事事件、性暴力被害者支援、その他民事事件全般、刑事事件。

● **事務所連絡先**

電話番号：06 - 6315 - 8284

住 所：〒530 - 0047　大阪市北区西天満4 - 6 - 18 アクセスビル7階

永野 靖（ながの・やすし）

弁護士（東京弁護士会）、永野・山下法律事務所

● **主な取り扱い業務**

一般民事、家事事件、労働事件、刑事事件、医療事件など。セクシュアル・マイノリティ、HIV陽性者の法律問題解決や権利擁護活動。

● **事務所連絡先**

電話番号：03 - 5919 - 1194

住 所：〒160 - 0008　東京都新宿区三栄町8番地 森山ビル東館3階

編著者紹介

LGBT支援法律家ネットワーク出版プロジェクト

　セクシュアル・マイノリティの法律問題に取り組む、弁護士・行政書士・司法書士・税理士・社会保険労務士などの法律家によるネットワークである「LGBT支援法律家ネットワーク」の出版プロジェクトチーム。

　このネットワークは2007年に設立された。ネットワークのメンバーには、セクシュアル・マイノリティである法律家も、そうではない法律家もおり、2017年11月時点で、北は北海道から南は熊本県まで、100名以上が所属している。

セクシュアル・マイノリティQ&A

2016（平成28）年7月30日　　初版1刷発行
2017（平成29）年12月15日　　同　2刷発行

編著者　LGBT支援法律家ネットワーク出版プロジェクト

発行者　鯉　渕　友　南

発行所　株式会社　弘　文　堂　　101-0062　東京都千代田区神田駿河台1-7
　　　　　　　　　　　　　　　　TEL 03(3294)4801　振替 00120-6-53909
　　　　　　　　　　　　　　　　http://www.koubundou.co.jp

ブックデザイン　江　口　修　平

DTP　NOAH

印　刷　三報社印刷

製　本　井上製本所

©2016 Legal Network for LGBT Rights Publishing Project
　　　　Printed in Japan

JCOPY 〈(社)出版者著作権管理機構　委託出版物〉
本書の無断複写は、著作権法上での例外を除き禁じられています。複写される
場合は、その都度事前に、(社)出版者著作権管理機構（電話:03-3513-6969、
FAX:03-3513-6979、e-mail:info@jcopy.or.jp）の許諾を得てください。
また本書を代行業者等の第三者に依頼してスキャンやデジタル化することは、
たとえ個人や家庭内での利用であっても一切認められておりません。

ISBN 978-4-335-55178-9